海　盗
的世界史

[日] 桃井治郎 著
杨晓钟　吴震 译

陕西新华出版传媒集团
陕 西 人 民 出 版 社

图书在版编目（CIP）数据

海盗的世界史 /（日）桃井治郎著；杨晓钟，吴震译 .
—西安：陕西人民出版社，2020.8
ISBN 978-7-224-13515-2

Ⅰ.①海… Ⅱ.①桃…②杨…③吴… Ⅲ.①海盗 - 历史 - 世界
- 通俗读物Ⅳ.①D59-49

中国版本图书馆CIP数据核字（2020）第021491号

著作权合同登记号　图字：25-2019-185

出 品 人： 宋亚萍
总 策 划： 刘景巍
策划编辑： 管中洑　王颖华
责任编辑： 管中洑　张阿敏
封面设计： 白明娟

海盗的世界史

作　　者　［日］桃井治郎
译　　者　杨晓钟　吴震
出版发行　陕西新华出版传媒集团　陕西人民出版社
（西安北大街147号　邮编：710003）
印　　刷　中煤地西安地图制印有限公司
开　　本　880毫米×1230毫米　1/32
印　　张　8.125
字　　数　133千字
版　　次　2020年8月第1版
印　　次　2020年8月第1次印刷
书　　号　ISBN 978-7-224-13515-2
定　　价　49.00元

如有印装质量问题，请与本社联系调换。电话：029-87205094

前 言

海盗是“人类的公敌”。

的确，海盗袭击海上船只、劫掠沿岸城市、杀人绑架、搜刮财富，理当被人们厌憎。

但仔细想想，世界上有那么多以海盗为主人公，甚至把海盗描绘成英雄的小说、漫画和电影。在这些作品中，海盗受到人们的热爱。这又是为什么？

从历史的角度看，海盗并非总是人类的公敌。在某些特定的历史时代，他们不但不是邪恶的存在，反而是人民的英雄。人们对海盗的印象正是源于这样的历史。

本书作为一部海盗的世界史，将从古代海盗一直写到现代海盗。

在本书中登场的，有控制了整个爱琴海的古希腊海盗，有反抗亚历山大大帝的海盗，有曾威胁过古罗马的海盗，有为了向凯撒复仇赌上自己一生的海盗，有作为一个破坏者让人记住的海盗，有出现在北欧的海盗，有穆斯林海盗，有十字军骑士团的海盗，有成为奥斯曼帝国大都督的海盗，有觊觎新大陆财富的海盗，有被英国女王封为爵士的海盗，有在时代大潮中最终束手就擒的海盗，有背叛了海盗的海盗，有传说中的加勒比海盗，还有地中海最后的海盗。

本书在讲述这些海盗的传奇故事时，也探讨了不同时代对海盗的不同看法。最终我们会发现，书中讲述的这些海盗与现代的索马里海盗有显著的不同。

海盗身上不仅有各个历史时代的影子，每个历史时代的发展也都受到了海盗的影响。由此，作者希望能通过海盗的故事，从另一个角度重读世界的历史。

每个历史时代里有怎样的海盗存在？人们如何看待这些海盗？海盗又如何推动了历史的车轮？这些都是本书将逐一探究的问题。

本书讲述的海盗主要集中在地中海、大西洋、加勒比海、印度洋，不涉及包括日本在内的东亚海盗，还望读者谅解。

历史上的海盗，他们是英雄，是劫掠者，是征服者，是有信仰的人，是复仇者，是野心家，是冒险家，是创业者，是自由的人。让我们将目光投向不同时代的不同海盗，从古至今、重读一遍世界史吧。

目录

第一章
海盗的开端

第二章
海盗的复兴

第三章

两个帝国

第四章
海盗的黄金时代

第五章
海盗的终结

第六章

现代海盗

第一章

海盗的开端

“历史之父”希罗多德

公元前5世纪，被称为“历史之父”的希罗多德（约前484—约前425年）出生在爱琴海边爱奥尼亚地区的一个古老城市——哈利卡纳苏斯（今土耳其的博德鲁姆）。

当时的希腊正处于希波战争（前492—前449年）的混乱时期。希波战争是古代东方的波斯帝国阿契美尼德王朝入侵希腊的战争。希腊城邦国家联合起来击退了波斯帝国的军队，但这场战争也从根本上动摇了希腊社会。

希罗多德的出生地爱奥尼亚地区正位于波斯和希腊两大势力的夹缝中，这促使他开始探索希腊与波斯矛盾冲突的起源，寻找希波战争的起因。《历史》（全九卷）就是他研究成果的集大成之作。

希罗多德这样写道：

在这里发表出来的，乃是哈利卡纳苏斯人希罗多德的研究成果，之所以要把这些研究成果发表出来，是为了保存人类的功业，使之不致由于年深日久而被人们遗忘，为了使希腊人和异邦人的那些值得赞叹的丰功伟绩不致失去它们的光彩，特别是为了把他们发生纷争的原因给记载下来。

（希罗多德《历史》）

希腊语中的“历史”一词，本身便含有“探究”之意。希罗多德的伟大之处就在于他将这种探究落到了实处。

希罗多德一生游遍了希腊和埃及等地中海地区，收集了许多趣闻逸事。他在《历史》一书中，不仅生动地描述了马拉松战役、萨拉米斯海战等希波战争中的宏大场面，还记录了从各地听到的趣闻逸事。从而使 2500 多年后的我们能够根据书中的描述，了解当时人们的生活状态和思想感情。

在希罗多德记录的众多逸事中，有一个关于萨摩斯岛统治者波利克拉特斯的故事。这位波利克拉特斯就是古希腊的“海盗王”。虽然希罗多德本人并没有这样称呼他，但他袭击船只、劫掠沿岸城市的行为，用今天的标准看，无疑是海盗行为。

如果说希罗多德是“历史之父”，即“历史”的始祖的话，那么，在“历史”开始的那一刻，海盗史也开始了。

这个古希腊的海盗王波利克拉特斯到底是怎样一个人呢？让我们从希罗多德的记录中一探究竟吧。

古希腊的海盗王

公元前 6 世纪，波利克拉特斯出生在爱琴海东南部的萨摩斯岛。萨摩斯岛既是贸易中转地，经济十分繁荣，又是众神之父宙斯的王后赫拉的出生地，宗教、文化均十分繁盛。这里距离希罗多德出生地哈利卡纳苏斯只有 100 公里，希罗多德年轻时也曾在萨摩斯岛上居住过。

公元前 538 年，波利克拉特斯通过叛乱夺得了萨摩斯岛的统治权。但他的野心不止于控制萨摩斯岛，为了扩张势力，他组成加莱舰队（译者注：由一种两边船舷密集安装排桨的船只组成），在爱琴海上大肆劫掠。

希罗多德写道：

> 他（波利克拉特斯）这样做了以后，便和埃及法老阿

> 玛西斯缔结了一项条约，还跟他交换了礼物。这之后不久，波利克拉特斯就强大到这样的程度，以致他驰名于爱奥尼亚和所有其他的希腊土地，因为他的军事征讨是无往而不利的。他拥有 100 艘五十桨船和 1000 名弓箭手，不管是什么人，他都是一视同仁地加以劫掠。因为他常说，比起什么都不劫掠，将劫掠的东西再归还回去，更容易得到对方的感激。他攻占了许多岛屿，还有大陆上的许多城市。
>
> （希罗多德《历史》）

配备 100 艘五十桨船的加莱船、1000 名弓箭手的波利克拉特斯的舰队，意在控制周边海域，征服爱琴海上的岛屿和爱奥尼亚地区的城邦国家。不论对手是谁，波利克拉特斯都不由分说地实施劫掠，这正是海盗的作风。波利克拉特斯所说“与其放过他们获得感谢，不如抢走之后再还给他们”，无疑也是海盗的逻辑。

在同一时期，萨摩斯岛上还生活着一位伟大的数学家——毕达哥拉斯。不过由于毕达哥拉斯十分厌恶波利克拉特斯的所作所为，因此他后来移居意大利南部，并且在那儿提出了毕达哥拉斯定理等几何学学说。

终于，有人开始反抗波利克拉特斯肆无忌惮的劫掠行为。其中之一就是波斯帝国控制下的萨迪斯总督奥罗伊泰斯。

奥罗伊泰斯借口要归顺波利克拉特斯，将他诱骗到自己的城市。毫无戒备的波利克拉特斯上当了。他只带着几个人去了

被钉死在十字架上的波利克拉特斯

萨迪斯，被奥罗伊泰斯抓住并杀害。据说波利克拉特斯的尸体被绑在十字架上示众多日。

不过，耐人寻味的是希罗多德对波利克拉特斯的评价。希罗多德非但没有谴责波利克拉特斯的所作所为，反而认为他是“试图称霸海上的第一个希腊人”，具备“远大志向”，“在希腊的所有独裁者中，若论志向豪迈，无人可与之比肩”，波利克拉特斯的死则是“（与其）不相符的悲惨死去”。

显然，希罗多德对波利克拉特斯的宽容态度，与古罗马哲学家西塞罗“海盗是人类公敌”的态度截然不同。

希腊神话中的海盗

古希腊历史上有过海盗行为的当然并非波利克拉特斯一人。在希罗多德创作《历史》之前，希腊神话中就有不少英雄人物从事过海上劫掠的海盗活动。

比如荷马的史诗《伊利亚特》中的英雄阿喀琉斯“我率领船队，攻占了人们的城市，带走城里所有的宝物，全部献给阿特柔斯的儿子阿伽门农”，就对自己的劫掠行为引以为傲。

在荷马的另一部史诗《奥德赛》中，英雄奥德赛“我攻占城市，扫荡市民之后，夺走所有的妇女和数不清的财物，分给了同伴”，将海盗的行为描述得理所应当。

希腊神话中还描写过以宙斯为首的众神们的众多劫掠行为。宙斯到处抢夺女性的故事反复出现。这种劫掠行为非但不是什么可耻的恶行，反而可以显示众神们神力的强大。也就是说，这些描述正好可以体现出神的绝对性。

如此一来，那些对阿喀琉斯和奥德赛等英雄的海盗行为的描述，也就有了合理的解释。英雄们受到众神的宠爱，被赋予了出众的能力，因此他们才能有这种海盗行为。换句话说，海盗行为意味着他们和众神的密切关系。

凭借绝对力量打败对手、大肆抢劫的行为是拥有强大力量的人（与神亲近者）才有的行为，对英雄们来说这是值得自豪的行为。从前文提到的希罗多德对波利克拉特斯的评价中，也能看出这一观点。

克里特的海上霸主时代

公元前 2000 年左右盛极一时的克里特文明，因其贤王米诺斯威名远播，也被称为“米诺斯文明”。传说正是克里特的王组建了爱琴海上最早的海军。

与希罗多德并称的古希腊历史学家修昔底德指出：

> 根据传说，米诺斯是第一个组织海军的人，他控制了现在属于希腊的几乎全部海域，是基克拉泽斯群岛的统治者。……他赶走了自己势力所及海域内的所有海盗，并想办法提高自己的经济收益。过去的希腊人，以及那些居住在大陆沿岸和岛屿上的人们，他们必须乘船渡海才能互相往来。一旦他们开始了这种频繁来往，就促使了海盗的产生。海盗中的首领就是指挥官，为了自己的利益以及养活家人，他们袭击那些毫无防守措施的、像村落一样分散的城邦。对自己的所为，他们不但没有感到羞耻，反而认为这会给自己带来巨大的名声，并从中获得生活的主要来源。
>
> （修昔底德《伯罗奔尼撒战争史》）

根据修昔底德的记载，克里特的王组建了世界上最早的海军，并将周边海域的海盗驱赶殆尽，以从活跃的海上贸易中获益。

通过考古研究发现，在克里特文明时代，埃及和亚平宁南部的地中海地区贸易往来繁荣，当然这种贸易的繁荣有赖于对当时地中海海盗的镇压及确保航路安全。

不过，被称为“米诺斯的和平”的海洋秩序并未持续太长时间，随着北方阿卡亚人的入侵，克里特文明土崩瓦解，爱琴海再次陷入海盗猖獗的时期。前文提到的希腊神话及希罗多德的《历史》中记录的波利克拉特斯的时代，就是这样一个海盗猖獗的时代。

在其后漫长的历史进程中，我们将会看到这样一种反复：一旦强有力的海洋秩序建立起来，海盗便会退出历史中心；而一旦海洋秩序大乱，海盗便又重回历史舞台。

国王与海盗

公元前 4 世纪，马其顿王国的亚历山大大帝（前 336—前 323 年在位）率领希腊军队入侵了波斯帝国。当时波斯帝国是阿契美尼德王朝的大流士三世（前 336—前 330 年在位）当政。亚历山大大帝最终征服了波斯这个东方的大帝国。他征服的领土从希腊起，横跨地中海沿岸的叙利亚、埃及，一直到东方的波斯、中亚、印度河流域。

当时希腊人对世界地理的概念，东方到印度，西方到直布罗陀海峡。他们认为世界文明只有希腊文明和波斯文明。因此，消灭了波斯帝国的亚历山大大帝，在希腊人看来，就是人类历史上第一个统一了“世界”、建立了“世界大帝国”的伟人。

亚历山大大帝在东征的过程中，镇压并俘获了大量地中海和黑海的海盗，却与其中一个海盗流传下来一则“国王与海盗”

亚历山大大帝

的趣事。

一个是在世界历史上赫赫有名的亚历山大大帝，一个是寂寂无名的海盗。

对于这对奇妙的组合，古罗马哲学家西塞罗曾在自己的著作中提及两者的对话。后来，基督教神学家奥古斯丁在其著作《上帝之城》中也引用了这个故事。

让我们看一看奥古斯丁对这段国王与海盗对话的记录吧。

> （一个海盗被抓住并带到了亚历山大大帝面前）他对这名海盗说道："你如何看待自己在海上的骚扰行为？"海盗从容地回答道："正像你骚扰世界的行为一样，我用的是一条小船，所以我被叫作海盗，而你用的是一支庞大的舰队，所以你被叫作国王。"

被抓住的海盗，在亚历山大大帝面前毫无惧色，坦然指出自己与国王的行为并无本质差异——用庞大舰队的就被称为国王，用小船的就被称为海盗。

这个故事并非只是作为一个历史上的逸闻流传下来，不断有人将此作为一个带有普遍性的政治学课题——力量与正义的问题提出。人们质疑的是国王与海盗的行为到底有何本质不同？因此，西塞罗、奥古斯丁等不同时代的学者们才会反复提及这个故事。

即使到了现代社会，语言学家、政治评论家乔姆斯基也在他的美国外交评论集《海盗与君主》中，引述了这个故事。乔姆斯基将美国这个超级大国与恐怖主义的关系比喻为国王与海盗的关系。美国的霸权主义外交与国际恐怖主义在暴力性这一点上是相同的，他暗示在这个意义上，两者其实并无差别。当然，乔姆斯基并非赞同恐怖主义，他只是想让人们意识到国际政治中存在美国的霸权主义外交的暴力性。

迦太基与罗马

公元前 1200 年左右，古代腓尼基人在地中海东部沿岸的黎巴嫩地区建立了高度发达的文明。腓尼基人拥有丰富的木材资源、高超的造船技术，他们驾驶自己造的商船在地中海地区开展贸易活动，在沿岸各地开发停泊港口，其中之一就是北非的迦太基。

根据传说，公元前 814 年，在宫廷斗争中失败的腓尼基公主逃离自己的国家，来到了突尼斯北部的迦太基。从此，迦太基成了腓尼基人的殖民城市。

后来，迦太基独立，逐步在地中海西部沿岸建起了港口，贸易往来活跃。主要的商品有锡、铅、铜等金属，小麦等粮食作物，以及纺织品、象牙工艺品等奢侈品。位于东地中海、西地中海和非洲三大文化圈交叉点上的迦太基，是各地商品的集散地。

与此同时，在地中海北岸，出现了一个将成为迦太基竞争对手的城邦国家——罗马。传说国王罗慕路斯在公元前 735 年创建了罗马城。公元前 509 年，伊特鲁里亚人被赶走，共和制的罗马建立。公元前3世纪上半叶，罗马控制了整个亚平宁半岛。

之后罗马与迦太基之间有过三次战争，但两个国家并非一开始就有矛盾。公元前 6 世纪到公元前 4 世纪，为了对抗企图进入地中海西部的希腊人，两国曾一度结为同盟。当时，迦太基还是正在地中海西部忙于开展贸易的海洋国家，罗马则埋头于在亚平宁半岛上扩大势力，因此两国之间并无冲突。

但到了公元前 264 年，两国之间终于爆发了冲突。第一次布匿战争的开端是对位于两国之间的西西里岛的争夺。之后，这场战争逐步升级为争夺地中海霸权的全面战争。

战争中，罗马军队攻进西西里岛，并占领了各个城市，但作为海洋国家的迦太基则占据了海上优势。拥有机动灵活的加莱船队的迦太基舰队击败了罗马舰队。

加莱船以桨为主要推进力。为了提高划桨速度，古希腊人发明了三段式座位的划桨船。划桨手多为奴隶、犯人以及外国俘虏，劳动条件十分苛刻。

古代的海战使用冲撞战法。加莱船的船头上装有被称为“拉

三段式加莱船

姆”的撞角，以便用这种小型、机动性强的加莱船冲撞对方的舰船。直至 16 世纪的勒班陀战役，加莱船都是海战的主力。

机动能力出色的迦太基舰队切断了海上运输。陷入困境的罗马为了弥补舰船操作上的弱点，发明了一种安装在船头的吊桥，称为“乌鸦吊桥”，用来登上敌方舰船。他们打算在海战中也采用陆战中的白刃战方式。

另外，罗马还大量赶制加莱船，终于在公元前 241 年，在埃加迪群岛海战中大败迦太基舰队，迦太基投降，割让了西西里岛、科西嘉岛、撒丁岛，并向罗马支付了巨额赔偿金。第一次布匿战争，以罗马成功迈出成为地中海大帝国的第一步而告终。

然而迦太基不甘心失败筹谋反击。在第一次布匿战争中大显身手的哈米尔卡·巴卡将军穿过伊比利亚半岛，建立新的殖民地，训练军队。哈米尔卡死后，他的儿子汉尼拔继承了他的遗志。

公元前 218 年，汉尼拔经过充分准备，开始远征罗马。但他选择了让所有人都意外的作战方略——率领大军，翻越阿尔卑斯山，从陆路进军罗马。

汉尼拔率领的军队付出了巨大的牺牲，终于翻越了阿尔卑斯山，进入了意大利。公元前216年，在坎尼战役中，汉尼拔以卓越的战术，战胜了罗马军队。之后，汉尼拔奔走在亚平宁半岛上，呼吁各地反抗罗马的统治。

罗马的西庇阿将军并没有直接与汉尼拔的军队交战，而是率军远征迦太基本土。于是，汉尼拔被召回国，不得不带领军队离开了意大利。在他回国之时，便已经预感到迦太基的失败。

公元前202年，在北非的扎马战役中，汉尼拔率领的迦太基军队被罗马军队击溃。

第二次布匿战争的失败，让迦太基丧失了除本土外的所有海外领土，放弃了战舰，并不得不支付长达50年的巨额赔偿。迦太基接受了罗马的所有条件，烧掉了迦太基港口的500多艘加莱船。

尽管如此，迦太基很快便再次兴起。通过兴盛的贸易往来，国家再次恢复繁荣。迦太基仅用了十几年便偿清了50年的赔偿金。

看到迦太基再次兴起，罗马打着“Carthago delenda est（迦太基必须灭亡）”的口号，于公元前149年，发动了第三次布匿战争。

罗马以压倒性的优势兵力包围了迦太基。他们放火烧城，

扎马战役

大火燃烧了 17 天。幸存的 5 万迦太基人被罗马军队作为奴隶带走。他们甚至在焚烧后的废墟上撒盐，好让此地寸草不生。

就这样，曾经盛极一时的迦太基亡国，成为罗马的一个行省。

按理说，在消灭了宿敌迦太基之后，整个地中海便无对手能与罗马对抗了。但事实上，已经有一个敌人站在了他们面前，那就是盘踞在地中海东部的海盗。

奇里乞亚海盗与凯撒

曾被称为奇里乞亚的土耳其南部沿海地区，有众多可做天然良港的小岛和海湾，对海盗来说地理条件极佳。那些纵横地中海的海盗正是以奇里乞亚地区作为大本营的。

对于公元前 1 世纪奇里乞亚地区的海盗，罗马时代的历史学家普鲁塔克是这么描述的。

> 他们不仅袭击航海者，还抢劫海岛及沿海城市。……到处都有海盗船停泊的港湾，还有高耸着烽火台的堡垒。出现在这些地方的海盗船长们，不仅有优秀的船员、技术高超的驾驶者以及灵活快速的船只，还有黄金的桅杆、大

红的帐幕、闪着银光的桨，这一切都好似在炫耀他们引以为豪的种种恶，让人们产生恐惧、厌憎。他们还在所到的几乎所有海岸上大摆宴席、纵情享乐。他们或是强行掳走罗马的军官，或是从占领的城市勒索赎金，以此羞辱罗马的统治者们，种种恶行，罄竹难书。海盗船数以千计，被海盗占领的城市多达 400 多座。海盗甚至将神圣不可侵犯的诸神殿都悉数破坏。

（普鲁塔克《希腊罗马名人传》之《庞培》）

正如普鲁塔克描述的那样，奇里乞亚海盗们在地中海横行，先后征服了 400 多座城市，无数的罗马商船和罗马人成为海盗的战利品。

被奇里乞亚海盗抓去的罗马人中，有一个年轻人，他就是尤利乌斯·凯撒（约前 100—前 44 年）。凯撒是罗马人眼中的英雄。他曾在赶赴罗德岛途中被海盗所掳。

凯撒到底是罗马的将军，自然不会对海盗的要求言听计从。普鲁塔克记录下了凯撒和海盗的这段故事：

最初，听到海盗要求 20 塔兰特赎金，他（凯撒）嘲笑海盗们根本不知道自己是谁，告诉海盗们自己至少值50塔兰特。他派部下去各地取赎金，自己则带着一个朋友和两个仆人，留在号称最残酷无情的奇里乞亚海盗中间。他完全瞧不起这些海盗，睡觉时甚至会命令海盗们保持安静。从凯撒留在海盗窝里的38天中的所作所为来看，简直不

凯撒将奇里乞亚海盗一网打尽

像是海盗们囚禁了他，不知道的人还以为他是被保护了起来。他非但不胆怯，还和海盗们一起嬉戏、训练。他吟诗演讲时会让海盗们当听众，有时甚至会大骂那些海盗不学无术、是野蛮人。他还不时威胁要绞死海盗们。不过，海盗们都不以为然，认为他不过是在玩笑。

（普鲁塔克《希腊罗马名人传》之《凯撒》）

38 天后凯撒的部下带着赎金来救走了他。凯撒并没有立即返回罗马，而是先去了附近的港口，组建船队，前往海盗的老窝，将奇里乞亚海盗一网打尽，并像他说的那样，对海盗们处以极刑。这就是普鲁塔克记录的凯撒年轻时的英雄事迹。

抛开这个富有传奇色彩的英雄故事真伪不谈，当时地中海上奇里乞亚海盗横行确是个事实。奇里乞亚海盗的问题，后来发展成动摇罗马体制的严重问题。

庞培剿灭海盗

对于罗马执政者来说，海盗带来的最大问题是对海上粮食航线安全的威胁。罗马需要非洲行省的粮食，运粮船被海盗抢劫会导致罗马市民的粮食供应出现危机。如果不能保证粮食供给，就会引发市民的不满，带来政治上的不稳定。因此罗马执政者决心解决海盗问题。被选为指挥官的就是大名鼎鼎的格涅乌斯·庞培（前 106—前 48 年）。

公元前 67 年，罗马元老院将剿灭海盗一事全权委托给庞培，并赋予他在地中海及整个沿海地区的指挥权。作为总司令官，庞培组成了一支拥有 500 艘军舰、12 万步兵、5000 骑兵的庞大军队。在因害怕出现独裁者、极力避免权力集中从而实行共和制的罗马，将如此巨大的权力交给一个人实属罕见。

庞培决心一劳永逸地解决海盗问题，因此他打算彻底破坏海盗存在的基础。

首先，他将整个地中海分为 13 个海域，每个海域设一名副将。各个海域的舰队不仅要荡平自己区域内的海盗，还要进攻作为海盗大本营的港口城市。

不过，庞培的方针是，对顽抗到底的海盗坚决消灭，对投降的海盗则给予特赦。因此许多海盗不战而降，并加入了罗马军队。结果只用了 40 余日，地中海西部的海盗就被消灭殆尽。

平定了地中海西部的海盗后，庞培将目光转向地中海东部。当然，他最终的进攻目标是奇里乞亚海盗。庞培对负隅顽抗的奇里乞亚海盗采取正面进攻战术。据说，在此次战斗中被杀的海盗超过 1 万人，有 2 万余名海盗成为俘虏。

海战结束后，为了防止这些海盗东山再起，庞培将内陆地区的土地分给他们，让他们移居到内陆彻底切断和海上的联系。

在平定海盗的战斗中，名将庞培大获成功，彻底消灭了恶名昭彰的奇里乞亚海盗。只用了 3 个多月便剿灭地中海海盗的庞培，成了罗马的英雄。

之后，庞培穿过达达尼尔海峡，进入黑海，征服了曾支持海盗的本都王国。

在庞培的军事行动下，不论是国家还是海盗，凡是能够对抗罗马帝国的势力都被肃清。“罗马的和平”到来了。对于罗马来说，地中海已经是“我们的海”，罗马终于成了一个地中海大帝国。

罗马最后的海盗

一举平定地中海海盗之后，庞培依据元老院的命令解散了军队，返回罗马。迎接他凯旋的仪式无比盛大。看起来风光无限的庞培，无论如何也不会想到他晚年的命运。而决定他命运的就是他和凯撒的矛盾。

指挥高卢（今天的法国）远征的凯撒，在 8 年战争末期，公元前 52 年的阿莱西亚战役中取胜，一举平定了高卢。于是，凯撒也成了罗马的英雄。

但是，一直与元老院对立的凯撒无视元老院的命令，于公元前 49 年，率领军队渡过卢比孔河。这也意味着凯撒与元老院的冲突，即内战的开始。

凯撒进军罗马是共和政体的危机。为了应对危机，元老院仰仗的是曾经的英雄庞培。于是庞培作为元老院的指挥官开始了与凯撒的对决。不过，公元前 48 年，在法萨卢斯的决战中，庞培败给了凯撒，庞培自己也在埃及被杀。

之后的历史众所周知，凯撒成为终身独裁官。公元前 44 年，反对独裁的共和派议员们暗杀了凯撒。凯撒死后，他的部下安东尼和他的外甥屋大维争夺权力。获胜的屋大维由元老院授予“奥古斯都”的称号，成为实质上的罗马第一任皇帝（前 27—14 年在位）。这也标志着罗马由共和制变成帝国。

虽然历史书中鲜有提及，但在这个动荡的时代中，有一个人一直在坚持与凯撒及屋大维对抗。他就是庞培的儿子塞克斯特斯・庞培。庞培在埃及被杀后，小庞培逃到伊比利亚半岛，继续反对凯撒的活动。而他召集的就是庞培当年收服的海盗。

由于手下的人数少，小庞培采取的方法是袭击罗马的海上运粮船。意图通过粮荒让罗马陷入混乱，鼓动市民起来反抗。具有讽刺意味的是，当年平定海盗的英雄之子，却要靠海盗行为进行抵抗。

小庞培的反抗获得了暂时的成功。凯撒死后，为了和安东尼争夺权力，屋大维以西西里、撒丁、科西嘉三岛为条件，与小庞培结为同盟。

但面对小庞培对罗马商船的反复抢劫，公元前 36 年，屋大维终于决定出兵讨伐。在西西里海湾的战斗中，罗马军队打败了小庞培的船队。战败的小庞培被俘，最终在爱琴海东南部

印有小庞培头像的银币

的米利都被处死。米利都是凯撒曾经对奇里乞亚海盗处以极刑的地方，对岸就是古希腊海盗王波利克拉特斯的萨摩斯岛。这真是一个与海盗渊源颇深的地方。

如果将小庞培称为古罗马最后的海盗的话，那在他死后，古代地中海上就彻底没有了海盗的身影。

西塞罗论海盗

古代世界对海盗的看法并非一成不变。

希腊神话中描述的海盗是受到神的宠爱，被赋予力量的英雄。他们的掠夺行为是力量的彰显。希罗多德的《历史》则继承了这种对海盗的认识。他认为波利克拉特斯具有高远的志向。

但到了罗马时代，人们对海盗的看法发生了变化。海盗的抢劫行为成了人们眼中的非法恶行。普鲁塔克对奇里乞亚海盗的描写与希罗多德对波利克拉特斯的描写大相径庭。

另外，与庞培、凯撒同时代的哲学家西塞罗（前 106—前 43 年）甚至断言，“海盗是人类公敌”。

西塞罗是这样说的：

> 抢走他人的东西，损人利己是违背自然的。……这首先破坏了人类共同生存的原则与人类社会。如果说为了自己的利益促使我们侵犯他人利益是人类的天性，那基于这种人类本性的社会必然会分裂。让我们用人体器官来举例子。如果每个器官都感到只有夺走其他器官的健康，自己才会健康，那人类的身体无疑会变得虚弱，最终必然灭亡。同理，如果我们每个人为了自身利益便可以侵犯、掠夺他人利益，那人类社会作为一个共同体也必然会灭亡。
>
> （西塞罗《论义务》）

西塞罗的说法通俗易懂，符合其作为一个优秀辩论家的风格。也正如西塞罗所言，海盗才是“人类公敌”。

西塞罗还指出，“为了保护、帮助全人类，应该不怕承受任何辛苦、不怕任何困难”，他呼吁人们积极开展消灭海盗的行动，甚至放言，对待作为人类公敌的海盗，不需要遵守社会一般公认的信义、誓约。

西塞罗生活的时代，正是罗马在地中海建立霸权的时代。对罗马来说，海盗是地中海上最后的敌人。公元前 67 年，庞培终于肃清了地中海的海盗，带来了“罗马的和平”。

西塞罗“海盗是人类公敌”的论断背后，是对罗马建立起来的秩序的信任以及对会威胁到这个秩序的海盗的敌意。

西塞罗本身是共和制罗马的坚定支持者。在凯撒渡过卢比孔河之际，他加入了庞培阵营。之后，他在凯撒的允许下返回了罗马。但在凯撒被暗杀后，西塞罗意识到罗马会陷入安东尼的独裁统治，于是他不遗余力地到处演说，批判安东尼，并因此被安东尼的士兵杀害。

西塞罗想要守护的是共和制罗马的精神。他在《论国家》中指出，只有因共同的法律和享受共同的利益而结合在一起的集团，才能称为人民或国家，否则就仅仅是个集团。

按照西塞罗的观点，国家并非权力支配体制，内部存在着共同的法律和利益的集团才是国家。他认为不论是国内秩序还是国际秩序的建立，都不能简单依靠权力。秩序必须建立在所有人一致同意的法律基础上。

奥古斯丁与中世纪的萌芽

西塞罗之后，继承他的观点并形成自己独立思想的是奥古斯丁（354—430 年）。4 世纪中叶，奥古斯丁出生在当时罗马

奥古斯丁肖像

统治下的北非。

奥古斯丁在其所著的《上帝之城：驳异教徒》中写道：

> 如果没有正义，一个国家和一个大的盗窃团伙有何区别？盗窃团伙不过是个小的国家。……盗窃团伙会随着不逞之徒的加入不断扩大，他们抢夺领地、定居下来，再占领其他国家、征服其他民族，于是，他们便自称为国家。之所以公然称为国家，不是因为贪欲受到了控制，而是因为逃避了惩罚。

奥古斯丁指出，没有正义的国家不过是一个盗窃团伙在力图扩大地盘。国家也好，盗窃团伙也好，如果是建立在武力的基础上，那么两者便没有区别。

在这段话之后，奥古斯丁就记录下了前文提到的国王与海盗的故事。奥古斯丁还评论道，海盗所言的国王与海盗的差异十分“贴切并真实”。

正如西塞罗不认可仅凭武力建立起来的秩序就是国家，奥古斯丁也认为如果正义缺失，国家和盗窃团伙、国王和海盗便没有本质区别。

不过，西塞罗与奥古斯丁的分歧在于对国家正当性的依据。西塞罗认为罗马的法律秩序就是正义，那么在奥古斯丁看来，正义是什么呢？

奥古斯丁生活的 4 世纪后半叶到 5 世纪前半叶，由于日耳曼人的入侵，罗马帝国日渐没落。西塞罗时代对罗马和平的信赖已经荡然无存。而且，对奥古斯丁来说，西塞罗信赖的罗马的秩序未必就是正义。奥古斯丁依凭的是基于基督教信仰的神的真理。

奥古斯丁在《上帝之城》中，将以自身拥有的权力为傲，由武力统治建立的地方称为“人间之城”；而以神的荣光为傲，基于基督教教义建立的地方称为“上帝之城”。真正伟大的统治者、胜利者并非表面上统治了世界的“人间之城”，而是建立在信仰上的“上帝之城”。

奥古斯丁虽然认为没落的罗马帝国作为“人间之城”终将灭亡，但又坚信基督教信仰一定会胜利。对于有人提出的“罗马帝国之所以走向没落是因为不信奉罗马诸神，而信仰基督教”这一观点，奥古斯丁则坚信，没落的只是作为人间之城的罗马帝国，上帝之城的基督教信仰不但不会没落，反而会越来越强大。

但在奥古斯丁之后，他的观点被挪用了。本应是人间之城中的统治权力，却标榜自己是上帝之城。换言之，中世纪的欧洲，出现了信仰基督教的国家这种新的政治形态。基督教信仰以罗马教皇、十字军、神圣罗马帝国等各种形式成为国家的政治基础。

现代的美国政治学家帕金森认为，奥古斯丁思想的提出是一个转折点。它标志着从以西塞罗为代表的基于普遍平等的斯多葛学派的国际观，向基于基督教伦理排他性及优越性的国际观的转折。

从奥古斯丁的思想中，帕金森发现了以基督教信仰为判断标准的二分法世界观的萌芽。这种萌芽正是针对以人类共同社会为梦想的普遍世界观。

正如帕金森指出的那样，与其说这是奥古斯丁自身的主观意图，不如说是历史的必然。的确，在中世纪的地中海，所谓“罗马的和平”这样的普遍性的世界已经消失了，取而代之的是排他的、天生具备优越感的各种势力互相争夺的时代。这样一个时代，也为海盗提供了历史舞台。

第二章

海盗的复兴

古代的结束

罗马帝国的疆域扩展到欧洲、北非、西亚，地中海成为帝国的内海。在公元 98 年至 117 年在位的图拉真统治期间，罗马帝国的疆域达到顶峰。此时的罗马帝国拥有高超的建筑和工程技术，罗马文明广泛传播到地中海地区。

但是，随着罗马帝国领土的不断扩张，与周边民族的冲突也越来越频繁。为了维持广阔的领土，罗马帝国不得不逐渐采取分治的方式。最终，4 世纪末，罗马帝国分裂为东罗马帝国和西罗马帝国。

与此同时，在亚洲大陆，一支被称为匈奴的游牧民族开始向西迁移。375 年，匈奴人入侵黑海北方，同当地的东哥特人发生了战争。被匈奴人打败的东哥特人向西迁移，由此引发的连锁反应是日耳曼人也逐渐向欧洲方向迁移。这就是历史上著名的“日耳曼民族大迁徙”。

日耳曼人的西迁，给本就衰弱不堪的西罗马帝国致命一击。4世纪末，西哥特人大败西罗马帝国的军队，入侵西罗马帝国领土。476年，日耳曼雇佣军的领袖废黜西罗马帝国的皇帝，西罗马帝国灭亡。

西罗马帝国的灭亡，意味着“罗马的和平”彻底崩溃。海上秩序一旦崩溃，海盗势力势必趁机抬头，这个古希腊以来的历史规律，再一次发挥了作用。地中海海盗高歌着“我们的海洋”，再次登上了历史舞台。

汪达尔王盖萨里克

5世纪上半叶，汪达尔王国仅凭一代人便在北非崛起，并将势力扩张到地中海西部，当时的国王是盖萨里克（428—477年在位）。汪达尔人也是当时被迫进行民族大迁徙的日耳曼人的一支。

400年左右，汪达尔人被迫离开匈牙利平原。406年他们渡过莱茵河进入高卢地区。三年后的409年，汪达尔人越过比利牛斯山脉，进入伊比利亚半岛。也就是从今天的匈牙利，经法国最终抵达西班牙。整个迁移历时10年，总行程超过2000公里。

但汪达尔人的迁移并未就此结束。429 年，他们败于入侵伊比利亚半岛的西哥特人，随后便渡过直布罗陀海峡，直抵北非。当时汪达尔人共有 8 万，率领他们的正是 428 年即位的盖萨里克。

在北非登陆后，为了寻找富庶的定居地，盖萨里克率领族人从现在的摩洛哥沿地中海沿岸经过阿尔及利亚北部的特莱姆森、舍尔沙勒、君士坦丁等地一路东进。这条位于阿特拉斯山脉和地中海之间的狭长的进军路线，并非一路坦途。

430 年，汪达尔人抵达了位于现在阿尔及利亚和突尼斯边境附近的希波（今阿尔及利亚的安纳巴）。希波是个天然良港，土地肥沃。公元前 10 世纪，腓尼基人将此作为停泊港口开始建城。后来努米底亚王国的国王马西尼萨将此地作为定居地。在成为罗马帝国的一个行省后，此地发展成为北非仅次于迦太基的第二大城市。

当时，盖萨里克率领的汪达尔人包围了希波城，而老年的奥古斯丁就住在希波城里。希波离奥古斯丁的出生地塔加斯特（今阿尔及利亚的苏格艾赫拉斯）不远。395 年起，奥古斯丁就在此地担任主教。在汪达尔人围城期间，奥古斯丁死于热病，终年 76 岁。

奥古斯丁虽然一生坎坷，甚至在人生的最后阶段还要面对敌军的围城，但他对基督教的信仰从未有过一丝动摇。

他在晚年完成的《上帝之城》中写道：

> 淬火之后，金子会发光，稻壳则会冒烟。在连枷击打下，麦秸粉碎，稻谷雪白。榨油机榨出的油与油渣绝不会混为一体。苦难可以磨炼、净化一个善良的心灵，也可以夺取、毁灭一个罪恶的心灵。因此，同样遭受苦难，恶人诅咒、亵渎神灵，善人则祈祷、赞颂神灵。

奥古斯丁去世后的第二年，即 431 年，希波城陷落。盖萨里克将希波定为汪达尔王国的首都。

8 年后，盖萨里克继续东征，攻占了迦太基，并迁都迦太基这个地中海的战略要冲。再后来，盖萨里克开始组建加莱舰队，欲扬帆地中海。

汪达尔人的海盗行径

440 年，盖萨里克率领数万士兵组成的汪达尔舰队，登陆

盖萨里克率领汪达尔人掠夺罗马

西西里岛西部，纵横整个西西里岛，大肆劫掠。以此为开端，汪达尔人开始不断袭击撒丁岛和意大利南部地区。汪达尔人骚扰沿岸城市、绑架当地居民的行为，是不折不扣的海盗行为。

根据东罗马帝国的编年史作者普洛柯比乌斯的记载，汪达尔人不仅骚扰西西里岛和意大利南部，还侵袭希腊和爱琴海诸岛等东罗马帝国的领土。

据普洛柯比乌斯记载，每次盖萨里克率军从迦太基港口出发时，对于部下“去往何处”的询问，都会回答：“神怒之地。”对盖萨里克来说,进攻哪里并不需要理由,走到哪儿便抢到哪儿。

汪达尔人的海盗行为中，最著名的就是对罗马的劫掠。455 年，即将灭亡的西罗马帝国内乱纷纷，汪达尔人趁机攻入罗马。在盖萨里克的率领下，汪达尔军队在罗马这座昔日的光荣之城里抢劫了整整 14 天。

虽然在罗马教皇的请求下，他们没有毁坏城内的建筑，但还是满载而归。返回迦太基的航船上，满载从罗马抢走的金银财宝。甚至有些船由于不堪重负而沉没。

汪达尔人洗劫罗马给欧洲带来巨大的冲击。后来，“汪达尔”一词便成为文化艺术的破坏者或破坏行为的代名词。汪达尔人因从罗马抢走财宝，而被后世烙上了可耻的烙印。

邦角之战

汪达尔人的海盗行为终于危及了自身。在西罗马帝国的请求下，东罗马帝国派出援军。468 年，约 10 万人的东罗马舰队从汪达尔人手中夺回了撒丁岛，并继续南下，进攻汪达尔王国的首都迦太基。

面对超过 500 艘军舰的东罗马舰队，盖萨里克只能采用奇袭战术。他火攻因登陆迦太基而停泊在邦角内海的东罗马舰队。

面对突如其来的袭击，东罗马舰队乱了阵脚，四散而逃。汪达尔舰队趁机发动进攻。这场海战以汪达尔人的大胜告终。

普洛柯比乌斯在《战争史》中是这样描述这场海战的：

> 汪达尔人等待的合适的风向到来之后，便立即派出无人的小船。小船乘着风势一接近停泊在港口的罗马舰队，汪达尔人便放火，让小船冲撞罗马舰队。由于罗马舰队的船只大多集中在一起，因此汪达尔人的小船很容易便命中目标，火势也迅速蔓延。
>
> 随着火势的蔓延，罗马舰队陷入混乱。许多士兵喊叫

着用棍棒推开着火的小船。轰鸣声盖住了风声和火焰燃烧的声音，罗马舰队几乎溃不成军。

汪达尔人的军队抓住机会发起进攻，击沉了数艘敌方舰船。逃跑的罗马士兵和他们的武器都成了汪达尔人的战利品。但罗马军队中也不乏奋起抗击者。一个罗马的将军就杀了不少汪达尔士兵，眼看自己的军舰就要失守，他把所有的武器沉到了海里。虽然汪达尔军队向这位将军保证不伤害他，但将军只留下了一句“誓死不落入敌人之手”，便纵身跳进了大海。

（普洛柯比乌斯《战争史》）

在邦角之战中大败的东罗马舰队，放弃进攻迦太基，撤退回国。

不过汪达尔王国并非从此高枕无忧。477 年，盖萨里克去世后，围绕着王位继承发生的内乱以及游牧民族的叛乱，使汪达尔王国迅速走向衰亡。虽然盖萨里克的孙子古萨蒙德在位期间，再次远征西西里，但败给了西西里的东哥特人。

另一方面，西罗马帝国衰亡后，拜占庭帝国，也就是东罗马帝国就成了唯一的罗马。新皇帝查士丁尼一世（527—565 年在位）积极准备收复地中海，意图恢复当年罗马帝国的荣光，重新夺回“我们的海洋”，他组建了600艘战舰的庞大舰队，远征地中海。

失去了盖萨里克并日渐衰败的汪达尔王国，早已无力对抗强大的拜占庭舰队。534年，汪达尔军队大败于拜占庭，丢掉了迦太基。仅仅建国100多年后，汪达尔亡国。

消灭汪达尔王国后，拜占庭军队于554年先后击败了意大利的东哥特人、伊比利亚半岛的西哥特人，夺回了日耳曼人大迁徙以来失去的意大利、伊比利亚半岛以及原属于罗马帝国的部分领土。

随着拜占庭的远征，表面上的“罗马的和平”再次到来。但拜占庭帝国复兴罗马的梦想只持续了很短一段时间。因为，很快就有一支新势力在地中海登场了。

伊斯兰教的兴起

610年，在阿拉伯半岛的麦加，受到神的启示的先知穆罕默德创立了伊斯兰教。由于和以部族社会为基础的麦加居民的对立，622年，穆罕默德带领少数信徒移居北方的麦地那。麦地那的大部分居民成为伊斯兰教的信徒，并建立了穆斯林公社“乌玛”。

630年，穆罕默德率军前往麦加，麦加不战而降。穆罕默德时隔8年终于重返麦加。之后，整个阿拉伯半岛的各民族或接受伊斯兰教义，或同意纳税，均悉数皈依伊斯兰教。自此，伊斯兰势力正式在阿拉伯半岛兴起。

632年穆罕默德去世，阿布·伯克尔作为继任者哈里发，成为乌玛的领袖。而从第二代哈里发的时代起，穆斯林军队开始远征，扩大自己的势力范围。

636年，进攻叙利亚的穆斯林军队战胜拜占庭军队，占领叙利亚。接着又进攻当时拜占庭统治下的埃及，占领亚历山大港。之后，控制了阿卡港、亚历山大港等地中海沿岸港口的伊斯兰势力，准备进军地中海。

他们最初的目标是地中海东部的塞浦路斯。

9世纪的阿拉伯历史学家拜拉祖里所著的《诸国征服记》中，记录了穆斯林舰队第一次远征地中海攻占塞浦路斯的经过：

（叙利亚总督）穆阿维叶率领舰队离开（叙利亚）阿卡港。

穆斯林军队抵达塞浦路斯港刚刚登岸，当地的领主就派使者前来，要求签订和平条约。据说这是岛上居民想出的对策。于是穆阿维叶以每年 7200 第纳尔为条件签订了和平条约。由于塞浦路斯与罗马（拜占庭）也签订了同样条件的条约，因此当地居民不得不缴纳双重租税。穆斯林军队决定不和企图从幕后操纵塞浦路斯的罗马军队交战，而是要求塞浦路斯居民必须逐一报告罗马军队的动向。

自此以后，穆斯林军队在地中海的征战中不会进攻塞浦路斯，双方也不会支援对方的敌人。

但是 32 年（公元 654 年），有塞浦路斯居民加入罗马军队，并向罗马军队提供船只。于是 33 年，穆阿维叶率领 500 艘战舰的舰队远征塞浦路斯。武力征服后，穆斯林军队俘虏了相关岛民。之后，用以前签订的条约安抚其他的岛民并派遣了 12000 名阿拉伯战士留驻塞浦路斯岛，这些士兵在岛上修建了大量清真寺。穆阿维叶还从巴勒贝克调来了一支军队，建设岛上的基地。

（拜拉祖里《诸国征服记》）

穆阿维叶的舰队征服塞浦路斯之后，又先后抵达罗德岛、西西里岛。652年，埃及总督阿卜杜勒的舰队在亚历山大港击败了拜占庭舰队。655年，穆阿维叶与阿卜杜勒联手，在土耳其南部海岸的吕西亚共同击败了拥有500艘军舰的拜占庭舰队。操船技术逊于对手的罗马舰队采取了与进攻迦太基时相同的战术，利用船头安装的吊桥让士兵登上敌船开展白刃战。

兴起不过50年，伊斯兰势力便已延伸至地中海，改变了拜占庭帝国控制下的地中海局势。地中海也迎来了替代拜占庭的新霸主——伊斯兰势力。

伊斯兰势力在全世界的扩张

661年，统治叙利亚的倭马亚家族的穆阿维叶以大马士革为首都建立了倭马亚王朝。倭马亚王朝以扩张伊斯兰势力为目标，准备进军北非。

670年，倭马亚王朝在突尼斯中部的内陆地区凯鲁万建立北非基地。697年，占领迦太基。711年，登上伊比利亚半岛，消灭西哥特王国。

经北非向伊比利亚半岛推进的倭马亚军队翻越比利牛斯山脉，进入法国。但732年在普瓦提埃战役中被法兰克王国击败，撤回伊比利亚半岛。至此，倭马亚王朝建立起了从叙利亚到北非、伊比利亚半岛、波斯的大帝国。

750 年，以哈希姆家族为首的起义军推翻了倭马亚王朝，建都伊拉克的巴格达。但是，伊比利亚半岛上出现了后倭马亚王朝，这也是伊斯兰势力分裂的开端。

整个阿拔斯王朝时代，阿拔斯军队并未进行过对地中海的远征，但非正式的侵略战争却屡有发生。

对地中海东部克里特岛的征战就是一例。进攻克里特岛的主力是来自伊比利亚半岛南部安达卢西亚的穆斯林集团。

815 年，在安达卢西亚的科尔多瓦，爆发了反对后倭马亚王朝的哈卡姆一世（796—822 年在位）的叛乱。叛乱最终失败，卷入叛乱地区的居民被流放。他们中的大多数人最终到达埃及的亚历山大港。这些人多达 1.5 万。为了寻找定居地，827 年，他们在领袖阿布·哈夫斯的率领下，组成 40 艘船的舰队登陆克里特岛。

当时的克里特岛处于拜占庭帝国的统治下，驻扎有小规模的拜占庭军队。但在阿布·哈夫斯率领的一支 1 万人的军队登岸后，拜占庭军队便逃走了。岛上的居民当然没有抵抗。当时的拜占庭皇帝米哈伊尔二世正忙着镇压国内的叛乱，也没有向克里特岛派遣援军。

阿布·哈夫斯在登岸后，命令部下烧掉船只。面对部下的询问，阿布·哈夫斯说："你们有什么可不满的？我已经带领你们来到流着牛奶和蜂蜜的土地。这里就是你们的国家。休息一下，忘掉你们出生的不毛之地吧！"

定居克里特岛的这个穆斯林集团，从此开始了对拜占庭帝国领土的劫掠。虽然拜占庭帝国也派出军队意图夺回克里特岛，但悉数失败。在此后的150年间，克里特岛一直由伊斯兰势力控制，成为穆斯林海盗的大本营。

的黎波里的莱奥

9世纪末的地中海东部出现了一名海盗。他被拜占庭编年史作者称为"的黎波里的莱奥"，而伊斯兰编年史作者则称其为哈拉姆·扎拉法。

传说莱奥出生于土耳其东南部，父母均为基督教徒。他年轻时加入了穆斯林军队，皈依伊斯兰教。由于他定居在叙利亚的黎波里，因此得名。

莱奥大部分的青年时代在船上度过，参加过数次远征，积累了丰富的航海经验。他以土耳其东南部的塔尔苏斯为基地，作为海盗首领开始了对拜占庭帝国的劫掠。在古罗马时代，塔尔苏斯也是奇里乞亚海盗的基地之一。

一个生活在塞萨洛尼基、名叫约翰·卡米尼阿蒂斯的商人记录了莱奥在塞萨洛尼基的掠夺行为。塞萨洛尼基位于希腊北部，是仅次于君士坦丁堡（今天的伊斯坦布尔）的拜占庭帝国的第二大城市。

据卡米尼阿蒂斯记载，904 年，莱奥指挥的一支 1 万多人的军队乘坐 54 艘舰船从塔尔苏斯出发，北上爱琴海，目标是塞萨洛尼基。途中莱奥和其他海盗会合，在爱琴海击败了拜占庭舰队。同年 7 月，进入塞萨洛尼基海湾。此时的塞萨洛尼基城内充满了恐怖、惊异、哀号等各种声音。

塞萨洛尼基城虽然坚固，但莱奥的士兵包围了整座城市，与拜占庭守军展开对攻。看到塞萨洛尼基面向海湾一侧的城墙较低，莱奥让战船靠近城墙，两两相连，在甲板上搭起攻城木塔，试图从船上进入城内。虽然拜占庭军队拼死守城，但攻城战打了几天之后，海盗们还是翻越城墙进入了城中。他们从内部打开城门，海盗蜂拥入城。之后接连数日，他们在城中大肆烧杀抢掠。

海盗们在城中到处搜刮财富，还抓走有钱人索取赎金。据卡米尼阿蒂斯记载，被抓的塞萨洛尼基居民多达 2.2 万人。卡米尼阿蒂斯一家人也在其中，虽然他们靠交出的财宝暂且保住了性命，也还是被海盗一同抓走了。

在掳走了包括卡米尼阿蒂斯一家在内的塞萨洛尼基居民，抢夺了大量财物后，海盗们恐于拜占庭军队的反击，短暂停留数日，就匆匆离开了塞萨洛尼基。莱奥的目的并非占领塞萨洛尼基，他只想抢劫。

莱奥的舰队中途停靠克里特岛，在那里平分了抢来的财宝

莱奥掠夺塞萨洛尼基

之后，海盗们分别返回埃及、西西里等地，莱奥自己也于9月回到了塔尔苏斯。后来，在塔尔苏斯，卡米尼阿蒂斯等人被用来与拜占庭帝国交换被俘虏的穆斯林，他们一家终于回到了故乡。

在那个时代，类似的一幕反复在地中海各地上演。定都凯鲁万的阿格拉比王朝也曾派军队袭扰西西里岛、撒丁岛以及南欧沿海城市。

圣特罗佩的穆斯林海盗

穆斯林海盗的活动并非只有的黎波里的莱奥这样的大舰队远征，更多的是对地中海各地的小规模日常侵袭。

比如，10世纪的意大利克雷莫纳主教利乌特普朗德，就记录了889年在法国南部圣特罗佩登岸的穆斯林海盗的所作所为:

> 20名海盗乘着小船离开西班牙，随风漂流到了这里（圣特罗佩）。他们趁着夜色登岸，进入城中，杀害基督徒。他们的行为令人发指。这些撒拉逊人（译者注：阿拉伯人的古称）叫嚣着要把这座城市据为己有。他们在村子右边的山上建设基地防止附近城镇的攻击，还种植了大量带有

荆棘的树木加固防守。

（克雷莫纳主教利乌特普朗德《利乌特普朗德作品集》）

只有 20 人，还是随风漂流到圣特罗佩，就能袭击并占据城市。占据圣特罗佩之后，他们又从故乡伊比利亚半岛叫来了 100 多个海盗同伴。

他们将圣特罗佩作为基地，开始不断袭扰周边各地。深受海盗之苦的地区西至法国南部的马赛、普罗旺斯，东至阿尔卑斯山另一边的意大利西北部。在此后 100 多年的时间里，圣特罗佩都是这帮海盗的老巢。

地中海上穆斯林海盗猖獗的同时，欧洲北部的一个海洋民族也开始兴起。

维京人的兴起

793 年，不列颠东北的林迪斯芳岛的海湾上出现了一种新型船只。这种船两头翘起、船身细长。这就是维京战船。从这种船上下来的一支军队袭击了林迪斯芳修道院并进行了彻底的劫掠。当时那里是基督教的传教中心。《盎格鲁－撒克逊编年史》中，描述了海盗的这场劫掠："由于野蛮人的入侵，霍利（林迪斯芳）岛上的修道院遭到了抢劫和杀戮。"这是英格兰有关维京海盗的最早记载。

在这之后的 150 年里，英格兰、苏格兰、法国等欧洲国家都饱受海盗侵扰。

维京人原本是住在斯堪的纳维亚半岛北方的日耳曼人。后来，他们被称为诺曼人，即北方日耳曼人。

维京人驾驶的维京战船，用轻薄的木材制成，船体轻盈、狭窄，入水阻力小、速度快。而且由于吃水浅，这种船还能够进入内陆河道。因此维京海盗不仅侵扰沿海城市，内陆城市也深受其苦。

有人指出，维京人的袭击行为背后有宗教因素。他们信仰传统的神，对欧洲的进攻就是对基督徒的战斗。虽然维京人后来定居欧洲并皈依基督教，但当初他们袭击的主要目标的确是林迪斯芳岛上的修道院等基督教设施。

诺曼底公国

9 世纪，丹麦维京人入侵法国北部。当时的法国由西法兰克王国（843—987 年）统治。

885 年，700 艘维京战船组成的舰队沿塞纳河而上，袭击了鲁昂。之后他们继续沿塞纳河前进，包围了巴黎长达一年之久，西法兰克国王卡尔三世不得不支付巨额赎金，才解了巴黎的围城之困。

之后维京人沿塞纳河而下，定居法兰克西北部，继续侵扰周边地区。911 年，不堪其扰的查理三世承认了维京人对塞纳河下游的所有权。依靠多年的海盗行径，维京人终于建立了自己的国家。这个国家，就是诺曼底公国。

11 世纪，诺曼底公国越过海峡入侵英格兰。在黑斯廷斯战役中，诺曼底公爵击败了英格兰国王哈罗德二世，成为英格兰国王，史称威廉一世。这就是不列颠历史上有名的诺曼征服。之后，诺曼贵族控制了英格兰的政权，加速了封建化进程。

诺曼征服者征服的不止英格兰，后来他们还越过直布罗陀海峡，进入了地中海。

西西里王国的诞生

早在 9 世纪，地中海上就出现过诺曼人的身影。860 年，

死于黑斯廷斯战役的哈德罗二世

他们侵扰过法国和意大利的沿海地区。不过，诺曼人真正进军地中海是在 11 世纪。

10 世纪初，诺曼人建立了诺曼底公国，实行长子继承制。家中的其他儿子们无法获得土地，许多人便前往欧洲各地成为雇佣兵。他们的作战地多在意大利南部，那里城邦国家林立，又处于拜占庭帝国的统治下，长年战争不断。诺曼雇佣兵中的部分人凭借军功获得了领地，成为一方诸侯，其中的代表就是奥特维尔家族。

11 世纪中叶，奥特维尔家族的兄弟们离开诺曼底前往意大利南部，开始了雇佣兵生涯。他们作战勇猛，哥哥汉弗莱后来获封阿普利亚伯爵。1057 年弟弟罗伯特继承哥哥的爵位。罗伯特充分发挥自己的军事才能，不断攻占周边各个城市。

征服意大利南部后，罗伯特分别于 1061 年占领墨西拿、1072 年攻占巴勒莫，将整个西西里岛置于自己的统治下。罗伯特死后，他的侄子罗杰二世作为继任者，于 1130 年获得罗马教皇的承认，正式成为西西里国王。这标志着由诺曼人建立的西西里王国诞生。

统治了西西里和意大利南部的罗杰二世没有停下扩张的步伐，他整顿军队出兵北非。

1135 年，西西里舰队攻占突尼斯的杰尔巴岛，并以此为开端陆续攻占突尼斯、的黎波里等北非的主要港口。之后，西西里舰队来到地中海东部，攻占拜占庭帝国统治下的亚得里亚海的科孚岛、凯法利尼亚岛。

虽然罗杰二世死后，其北非领土被穆瓦希德王朝（1130—

罗杰二世

1269 年）夺走，但事实上，西西里王国的兴起，打乱了伊斯兰势力控制地中海的进程。

欧洲的反击

11 至 12 世纪的欧洲，出现了比利时史学家亨利 · 皮雷纳称为“商业复兴”的城市及商业的发展。随着人口的增长，带来农业生产力的提升，剩余产品增加，贸易行为活跃起来，出现了商业城市。其典型代表是意大利的威尼斯、热那亚、比萨、阿马尔菲等港口城市。

这些城市为了确保海上运输的安全，拿出了对付海盗的策略。他们并没有单纯实行海上防卫，而是主动进攻伊斯兰势力控制下的那些海盗们的巢穴。11 世纪中叶，比萨和热那亚便成功征服了伊斯兰势力控制下的科西嘉岛、撒丁岛。诺曼人征服西西里并建立西西里王国也是在这一时期。

另一方面，961 年拜占庭帝国从地中海东部派出了 3000 艘战舰的庞大舰队远征克里特岛。指挥作战的司令官就是后来即位拜占庭帝国皇帝的尼基弗鲁斯二世（963—969 年在位）。965 年尼基弗鲁斯二世攻占了地中海东部的另一个重要战略要地塞浦路斯，还控制了成为穆斯林海盗基地的奇里乞亚地区。

969 年，尼基弗鲁斯二世攻占了阿拔斯王朝统治下的土耳其安塔基亚。安塔基亚曾经是基督教信仰的中心地区。夺回安塔基亚标志着地中海东部基督教势力的复兴。后来，安塔基亚又再次被塞尔柱王朝征服，几年后，西方的一支军队又夺走了该地。这支军队就是以夺回圣地为目标的基督徒组成的军队，即所谓的“十字军”。

收复失地运动

基督徒与穆斯林的战争，并非始于 11 世纪末的十字军东征。早在 8 世纪，伊比利亚半岛就兴起了“收复失地运动”。

8 世纪初，入侵伊比利亚半岛的倭马亚王朝被西哥特王国消灭。逃往半岛北部的基督徒于 718 年建立了阿斯图里亚斯王国，以抵抗伊斯兰势力。同时基督徒们开始了以领土的再征服为目标的收复失地运动。

后倭马亚王朝在伊比利亚和北非站稳脚跟后，在阿卜杜勒·拉赫曼三世的统治下，于 10 世纪时国力达到顶峰。但进入 11 世纪后内乱频发，1031 年分裂为 20 余个小国家。

另一方面，卡斯蒂利亚王国、纳瓦拉王国、阿拉贡王国等伊比利亚半岛上的基督教国家不断发展壮大，分别于 1085 年攻占托莱多、1118 年攻占萨拉格萨、1147 年攻占里斯本。

其后，北非的穆拉比特王朝和穆瓦希德王朝也进军伊比利亚。1212 年基督教国家联军击败穆瓦希德军队，1236 年攻占后倭马亚王朝的首都科尔多瓦，1248 年攻占塞维利亚。南方的城市悉数被基督教国家控制。伊比利亚半岛上伊斯兰势力控制的地域只有奈斯里德王朝的格拉纳达一地。被赶出伊比利亚的穆斯林迁往了北非。

伊比利亚半岛西北部的圣地亚哥 - 德扎波斯特拉成为和耶路撒冷、罗马（梵蒂冈）并列的三大圣地，聚集了众多欧洲的朝圣者。在朝圣以及收复失地运动中体现出的宗教狂热，终于在地中海东部以十字军的形式具体呈现出来。

十字军的呼吁

1095 年在法国中部的克莱蒙，罗马教皇乌尔班二世（1088—1099 年在位）发表演说，呼吁教徒们夺回东方的圣地。乌尔班二世面向数千教徒发表的演说如下：

> 现在发生了紧急事态需要大家奋起反击。……我们东方的同胞需要我们派去援军。他们需要你们的援助他们已经多番恳求。……敌人们七次攻打基督教徒，七次获胜，又侵占了我们的圣地——耶路撒冷，他们正在大肆蹂躏上帝的国度，毁坏基督教堂，掳杀虔诚的上帝子民，污辱贞洁的妇女，贪婪地饮着受洗儿童的鲜血。……基督的使者

十字军攻占圣地耶路撒冷

们，无论是骑士还是步兵，无论是富人还是穷人，所有阶层的男儿们都站起来吧，让那些可憎的敌人从我们的土地上彻底消失。

（桥口伦介《十字军》）

为了鼓动教徒们加入十字军，乌尔班二世还宣称“所有在反异教徒的战争中失去生命的人，他们的罪愆将在那一瞬间获得赦免，并得到天国永不朽灭的荣耀”。

1096 年，由法国和意大利诸侯、骑士等 6 万余人组成的军队在君士坦丁堡集结后向耶路撒冷进发。途中先后攻占了埃德萨（今天的尚勒乌尔法）、安塔基亚等地。1099 年，十字军终于攻占了圣地耶路撒冷。

历史学家伊布·阿鲁·阿提鲁记录了耶路撒冷被攻陷时的情景：

> 法兰克人对市民的抢劫、虐杀持续了一周。……阿克萨清真寺内 7 万人被杀，其中多数都是穆斯林和伊斯兰学者。他们是背井离乡特意来到圣地寻求隐居生活的信徒和苦行者。法兰克人还将圆顶清真寺洗劫一空，带走了大量的战利品。

当时，当地的伊斯兰势力正处于分裂状态。控制了安纳托利亚和叙利亚的塞尔柱王朝（1038—1194 年）接受了阿拔斯王朝哈里发授予的苏丹（皇帝）称号。他们与埃及另立了哈里发的法蒂玛王朝（909—1171 年）处于对立状态。塞尔柱王朝的内乱引起了叙利亚和巴勒斯坦势力的分裂，这也给了十字军以可乘之机。

十字军攻占耶路撒冷之后建立了耶路撒冷王国（1099—1291 年）。为了确保耶路撒冷和欧洲之间的交通，十字军又攻占了雅法和海法等地中海沿岸城市。在这场战争中提供帮助的是热那亚、比萨、威尼斯等意大利城市。后来，热那亚、比萨、威尼斯等地便承担起十字军海上运输以及东方贸易的角色，在地中海取代了伊斯兰和拜占庭，不断扩张。

十字军与萨拉丁

1138 年，萨拉丁出生在伊拉克中部的提克里特一个库尔德人家庭。成为军人的萨拉丁在埃及掌握了权力，废黜法蒂玛王朝，建立阿尤布王朝（1169—1250 年）。萨拉丁征服了叙利亚，立志统一伊斯兰势力，对抗十字军。

1187 年，萨拉丁在巴勒斯坦东北的哈丁战役中击败了耶路撒冷王国军队。一周后，失去了守军的耶路撒冷王国投降，将耶路撒冷城拱手奉上。

欧洲接到丢失耶路撒冷城的战报后，在英格兰国王理查一世、法国国王腓力二世、神圣罗马帝国腓特烈一世的率领下开始了十字军第三次东征。但这豪华阵容并未能取得胜利。十字军没能夺回耶路撒冷，仅仅占领了地中海沿岸的阿卡港。

然而，在陆战中败退的十字军却在海战中占据了优势。

萨拉丁虽然重建了埃及舰队，但在阿卡战役中，由于欧洲舰队封锁了海上，导致萨拉丁军队的运输、联络不畅，据说不得不采用信鸽和派人从海上泳渡等办法。

服务于萨拉丁的巴哈丁·伊本·沙达德是这样记录贝鲁特湾上英格兰舰队进攻的：

> 1191 年 6 月 11 日，满载勇敢的士兵以及武器、粮食等军用物资的大型运输船靠近贝鲁特。船上士兵数量多达 650 人。但是英格兰国王派 40 艘船包围并击沉了运输船。船长明白沉船无可避免之时，大喊“以神的名义，我们慷慨赴死。但我们不会把船的哪怕一个碎片留给敌人”。船员们开始用斧子破坏船体。船员全部牺牲，武器、船只全部沉入大海。
>
> （路易斯、朗扬《欧洲海军海事史》）

阿卡战役

在第三次十字军东征途中，英格兰国王理查一世（1189—1199 年在位）的舰队遭遇风暴，停靠塞浦路斯。虽然塞浦路斯有拜占庭帝国的总督，但在接待十字军的过程中双方发生纠纷，理查一世便占领了塞浦路斯。

当时理查一世无意中占领的塞浦路斯却成了日后十字军撤退时的避难地，后来还发挥了抵抗伊斯兰势力的桥头堡作用。

十字军的终结与骑士团

11 世纪末第一次十字军东征引发的宗教狂热，随着时代的推进逐渐冷却。在安塔基亚、的黎波里、阿卡分别于 1268 年、1289 年、1291 年被攻破后，历时近 200 年的十字军东征终于落下了帷幕。

十字军东征在历史上留下了巨大的影响。其中之一就是威尼斯、热那亚等意大利城市通过对十字军的物资运输以及与东方的贸易获得了发展。而诞生在十字军东征时代的骑士团，则是十字军留给历史的另一个遗产。

骑士团的成员兼具战士与教徒的双重身份。他们既是骑士，也是修道士，他们是罗马教皇承认的组织。大部分骑士团成立之初的目的都是保护前往圣地朝圣的信徒。

三大骑士团之一的圣约翰骑士团（也叫马耳他骑士团或医院骑士团），起源自11世纪中叶阿马尔菲商人在耶路撒冷圣约翰教堂附近的基督教聚居地建立的修道院。当时修道院修建了一所医院保护朝圣者，后来又承担起了保护朝圣途中安全的军事职责。

由于十字军的捐赠，圣约翰骑士团又逐渐承担起城市管理的职责。为了保卫城市，骑士团日渐军事化。有坚固城墙守护的叙利亚的骑士堡和萨拉丁堡就是圣约翰骑士团的基地之一。

在十字军后期，圣约翰骑士团在与伊斯兰势力的战斗中成了先锋。但号称固若金汤的骑士堡和萨拉丁堡也在1271年陷落。1291年失去最后的基地阿卡后，圣约翰骑士团撤离塞浦路斯。

在教皇克莱门特五世的支持下，圣约翰骑士团组建舰队于1308年攻占罗德岛。因此圣约翰骑士团又称罗德岛骑士团。他们的舰队在海上袭击穆斯林船队。在穆斯林方面看来这自然是海盗行径。也就是说，圣约翰骑士团以打击伊斯兰势力的名义，从事着海盗的勾当。

前文提到，虽然十字军从地中海沿岸地区撤出，但他们在海上还是占有优势。对此，海洋历史学家路易斯和朗扬认为主要原因有以下三点：

第一，政府、行政机构能力的差距。欧洲各国政府能够实施大型财政计划，能够确保大型舰队的建立、维持等所需的资金。而伊斯兰各国，比如埃及的马穆鲁克王朝（1250—1517年），依靠奴隶组成军队，或是依靠部族统治，政府及行政机构并不发达。

第二，商业体系发展水平的差距。欧洲的金融、会计、保险体系发达，以意大利为中心的欧洲商人们可以开展活跃的海上贸易，能够在与穆斯林商人的竞争中取胜。

第三，航海技术的差距。尤其是造船技术上差距明显。欧洲能够生产出航海能力与装载能力出众的柯克船，而伊斯兰国家则只能以小型加莱船与之对抗。这种出现在北欧的柯克船经过改良，发展为后来在大航海时代广泛使用的卡瑞克船。

这个时期欧洲政治、经济、技术的发展改变了地中海地区各方势力的平衡，促进了承担地中海商贸往来的意大利各城市的发展。

两相对立的时代

中世纪的地中海多方势力并存，互相斗争，你方唱罢我登场。最终基督教世界与伊斯兰世界这两大世界的对立成为那个时代的主基调。

在欧洲，奉行的是基督徒和异教徒的二分法世界观，于是有了收复失地运动和十字军东征等对伊斯兰世界的征服运动。

伊斯兰世界其实也是一样的。

于是，中世纪的地中海，基督教世界和伊斯兰世界在各自的优越感中争夺着霸权。在这种争夺中，海盗行为正当化了。

当然这两个世界也并非一直对立。不同的时代、不同的地区，也会进行活跃的商业交流，形成了和平共存的关系。但整体看来，这个时代里像收复失地运动、十字军东征这样的军事征服反复进行，是一个基于宗教差异的战争贯穿始终的时代。

基督教世界和伊斯兰世界的这种排他性的自我优越意识，最终导致了两个帝国的直接冲突。

第三章

两个帝国

帝国的诞生

13 世纪末的土耳其西北部，在首领奥斯曼的率领下，一批只有 100 人左右的土耳其穆斯林开始崛起。这就是后来奥斯曼帝国（1299—1922 年）的开端。

奥斯曼死后，他的继任者奥尔汉于 1326 年攻占了拜占庭的布尔萨，并以布尔萨为基地，先后征服了伊兹尼克、伊兹密特等土耳其西部城市。

第三代君主穆拉德一世则开始将势力向欧洲延伸。1361 年，穆拉德一世攻占了巴尔干的埃迪尔内，并定都于此。

而此时的拜占庭帝国由于受到伊斯兰势力的屡次袭击，再加上第四次十字军东征带来的打击，日渐衰败。它不得不向奥斯曼帝国纳贡，以求苟延残喘。但实际上，仅仅是死守首都君士坦丁堡（今伊斯坦布尔），就已经让其筋疲力尽。

与此同时，地中海西部的政治局势也发生了巨大变化。卡斯蒂利亚王国和阿拉贡王国不断击败伊斯兰势力，扩大自己的领地。11 世纪上半叶，卡斯蒂利亚王国吞并莱昂王国，控制了伊比利亚半岛西北部，并继续向南开展收复失地运动，先后攻占托莱多、科尔多瓦、塞维利亚等地。13 世纪中叶，卡斯蒂利亚王国已控制了伊比利亚半岛三分之二的地区。伊斯兰势力因内部分裂导致整体实力衰弱，只剩下南部的格拉纳达王国。

12 世纪初，伊比利亚半岛东部的阿拉贡王国从伊斯兰势力手中夺回萨拉格萨，并与巴塞罗那伯爵加泰罗尼亚联合出兵地中海。阿拉贡王国在 13 世纪出兵西班牙海湾的巴利阿里斯群岛及西西里岛，14 世纪控制了撒丁岛，1442 年吞并意大利南部的那不勒斯王国，成为一个疆域直抵地中海西部的海洋王国。就这样，卡斯蒂利亚王国通过收复失地运动不断扩大领土，阿拉贡王国则在地中海西部不断扩张。1469 年阿拉贡王国的王子斐迪南二世与卡斯蒂利亚王国的公主伊莎贝拉一世结婚。几年后两人分别即位国王。1479 年两国合并，一个地跨伊比利亚半岛和地中海西部的西班牙帝国诞生。

15 世纪，东方的奥斯曼帝国与西方的西班牙帝国隔着地中海遥遥相望。1453 年奥斯曼帝国攻占君士坦丁堡，消灭了拜占

斐迪南二世与伊莎贝拉一世（右侧马上）

庭帝国。1492 年西班牙帝国攻占格拉纳达，消灭了伊比利亚半岛上最后一个伊斯兰国家。

两个帝国都完成了对异教徒领地的征服，又都将目光投向地中海。这导致两个帝国之间爆发了争夺地中海霸权的冲突。

位于地中海东西两侧的奥斯曼帝国和西班牙帝国的冲突，是伊斯兰世界的盟主与基督教世界的盟主之间的战争。两者之间的对决影响了后世历史的走向。而在这场两大帝国的对决中，起到重要作用的还是海盗。

收复失地运动与海盗

在收复失地运动中被赶出伊比利亚半岛的大部分穆斯林迁往了北非。他们带去了先进的文化和技术。

比如现在突尼斯著名的纳布勒陶器以及红色羊毛无檐帽的制造技术，都是当时的安达卢西亚匠人们带去的。尤其是羊毛无檐帽的制造，在15世纪以后发展为突尼斯的一大产业。生产出来的帽子销往土耳其、希腊等地，最多时达每年8万打。

然而，被赶出伊比利亚半岛的穆斯林带到北非的，除了手工艺技术，还有海盗。

15世纪的地中海西部，意大利各地都组建了强大的舰队，以保护海上运输安全。他们还和北非各国签订条约，保护通商关系，限制了所在海域内的海盗活动。

但是对于那些在收复失地运动中被赶出伊比利亚半岛、背井离乡的穆斯林来说，与西班牙的战斗不仅是个人的复仇行为，也是收复被夺走的伊斯兰领地的宗教行为。

被赶到北非的安达卢西亚人拥有出色的航海技术并熟谙西班牙沿海地区情况，同时满怀复仇与宗教狂热。于是有人开始乘着小型加莱船，袭击西班牙商船，袭扰西班牙沿海地区。虽然危险但收益颇高的海盗行为自然能吸引不少人参与。

西班牙方面当然不会对北非海盗听之任之。

当时的西班牙刚开始从非洲攫取财富。满载着金银财宝的运输船，渡过大西洋，穿过直布罗陀海峡，即将到达巴塞罗那港时，竟然遭到海盗袭击。这对西班牙帝国来说是无法容忍的。于是斐迪南二世决意剿灭北非海盗，向海盗所在的港口派遣了大规模舰队，并任命经验丰富的德·佩德罗·纳瓦罗担任司令官。

纳瓦罗率领的西班牙舰队远征北非，于1509年攻克奥兰，第二年占领贝贾亚。西班牙军队还在占领的港口修筑要塞，派遣守军以封锁海盗。

1512年，纳瓦罗的舰队进攻阿尔及尔，占领港口内的小岛，并筑起要塞。后来，出入阿尔及尔的海盗船都会受到要塞内西班牙炮火的攻击。15世纪西班牙和葡萄牙还占领了北非的塞卜泰和梅利利亚，至今这两个地方还是西班牙的海外领地。

在纳瓦罗舰队的强力打击下，北非的主要港口先后被西班牙控制，海上一度平静下来。但这平静只是暂时的，因为北非海盗即将从地中海东部迎来有力的援军。

巴尔巴罗萨兄弟

莱斯沃斯岛位于热那亚控制下的爱琴海东北部，1462 年被奥斯曼帝国穆罕默德二世占领。对于 10 年之前就攻占了君士坦丁堡的奥斯曼帝国而言，莱斯沃斯岛是他们迈向地中海的第一步。

就是在莱斯沃斯岛上，出现了后来名声大噪的大海盗巴尔巴罗萨（红胡子）兄弟——乌鲁基和海雷丁。

据奥斯曼帝国编年史作者希南·夏乌尔记载，红胡子兄弟的父亲雅克布是一个以莱斯沃斯岛为基地进行贸易往来的穆斯林商人。海雷丁一共兄弟四人，都跟着父亲在商船上跑，早早习惯了海上生活。

父亲雅克布死后，二儿子依夏克和四儿子海雷丁继承父业，长子伊利亚斯与三儿子乌鲁基认为当海盗比经商更能赚钱，于是做了海盗。在他们第三次出海时，伊利亚斯和乌鲁基的船遭

巴尔巴罗萨·乌鲁基

巴尔巴罗萨·海雷丁

遇了圣约翰骑士团的加莱船，双方发生了战斗。

战斗中伊利亚斯被杀，乌鲁基被圣约翰骑士团俘虏。得知消息的海雷丁委托信奉基督教的商人前往交涉赎金。但据说乌鲁基对前来解救他的人说："转告我家人不用担心，我自己能解决。"

后来乌鲁基成了加莱船的桨手，当船队在叙利亚海湾遭遇风暴时，他趁人不备跳进海里成功逃脱。他果真靠自己的能力逃了出来。后来，乌鲁基抵达埃及的亚历山大港并重操旧业，还成为海盗首领。这就是希南·夏乌尔记录的乌鲁基奋斗史。

但西班牙历史学家迪亚哥·德·埃尔多则从阿尔及尔的土耳其人那里听到了关于巴尔巴罗萨兄弟青年时期经历的另一个版本。

据说，乌鲁基和海雷丁的父亲雅克布年轻时是个基督徒，还是个贫穷的制陶工人。因此乌鲁基 20 岁时就离开家，为了生活改信伊斯兰教，还当了海盗。后来乌鲁基终于拥有了自己的船，还当上了海盗首领。

上述两个版本的真假暂且不说，至少乌鲁基当上海盗首领这一点是相同的。后来乌鲁基和海雷丁向西转移。因为在地中海东部，由于奥斯曼帝国的崛起，贸易活动停滞，可抢劫的对象减少。而在地中海西部，安达卢西亚出身的海盗们已经大获成功。

抢劫大型加莱船

1504 年春，乌鲁基带领两艘小型加莱船横渡东地中海，抵达突尼斯的拉古莱特。当时的突尼斯还没有被奥斯曼帝国控制，而是在定都突尼斯的哈夫斯王朝（1229—1574 年）的统治下。

哈夫斯国王接见了乌鲁基。以上缴一部分抢劫所得为条件，乌鲁基获得了港口的使用权和物资采购权。

乌鲁基在突尼斯只待了几天就离开了拉古莱特港。他北上停靠在意大利的厄尔巴岛，在那里等待他的猎物。不远处即将出现的就是属于罗马教皇尤利乌斯二世的大型加莱船队。

这两艘满载货物的大型加莱船正在从热那亚返航罗马的途中。他们完全没有料到在意大利沿岸海域会有海盗出没，因此毫无戒备地分开行驶。

乌鲁基这边小型加莱船上的土耳其士兵看到面前船员人数3倍于自己的大型加莱船，有些不知所措。但在乌鲁基的鼓舞下，他们静静等待着大船的靠近。

袭击加莱船的乌鲁基

教皇的大型加莱船通过厄尔巴岛与意大利海岸之间的狭长海峡，毫无防备地逐渐接近乌鲁基的小船。在大船上的船员们看到小船上全副武装的土耳其士兵的一瞬间，乌鲁基的小船开始向大船猛烈开火。

突然遭到袭击的大船瞬间陷入混乱。乌鲁基的小船靠上大船，土耳其士兵们一拥而上。他们没有遇到什么抵抗，船上的士兵很快就投降了。就这样，乌鲁基劫走了教皇的一艘大型加莱船。

但乌鲁基并未就此满足。他登上这艘大船，等待着另一艘大型加莱船上钩。果然，在同样的战术下，毫无防备的另一艘加莱船也成了乌鲁基的战利品。乌鲁基带着这两艘船和船上的船员、货物向突尼斯驶去。

回到突尼斯的乌鲁基受到热烈的欢迎。除了他带回的大量战利品，人们津津乐道的是乌鲁基仅凭两艘小船便能劫走教皇两艘大船的传奇事迹。自此以后，乌鲁基的大名远播北非和欧洲。

进攻贝贾亚的失败

获得大型加莱船和船上奴隶划桨手的乌鲁基，不断以突尼斯为基地，开展大胆的海盗行为。1506 年，他抢劫了西班牙国王斐迪南二世送给那不勒斯总督的大型帆船，并成功俘虏了船上的 500 名西班牙士兵。

突尼斯南部加贝斯湾上杰尔巴岛的首领听闻乌鲁基的威

名，为了对抗西班牙军队的进攻，将全岛的防御委托给乌鲁基。于是乌鲁基将基地转移到杰尔巴岛继续海盗行为。但数年后，他又离开杰尔巴岛，向西方而去。

前文已经提过，数年前开始，西班牙就向北非派出舰队，在主要的港口都建有西班牙军队的要塞。

1512 年，一支由 12 艘小型加莱船组成的、载有约 1000 名土耳其士兵的乌鲁基船队，驶向阿尔及利亚沿岸的贝贾亚。在贝贾亚近郊登陆的乌鲁基军队得到了当地游牧民的帮助，开始进攻贝贾亚港的西班牙要塞。

激烈的战斗持续了八天，土耳其士兵正要攻破要塞时，西班牙士兵的枪弹击中了冲在最前线的乌鲁基。失去了指挥官的乌鲁基军队只好放弃贝贾亚，撤回突尼斯。战后乌鲁基虽然保住了性命，但却失去了左臂。

出于海盗不能空手而归的习俗，乌鲁基的船队回程中在塔巴卢卡湾抢劫了一艘小船。这艘船是一艘热那亚的珊瑚渔船。热那亚从哈夫斯王朝获得了在塔巴卢卡湾采集珊瑚的许可，而这艘合法捕捞的小船却被乌鲁基的船队抢劫了。

乌鲁基的这次行动违背了热那亚和哈夫斯王朝之间的约定，激怒了热那亚人。这一偶然事件唤醒了一个人，这个人日后与巴尔巴罗萨兄弟有很深的渊源。他就是热那亚提督安德烈亚·多里亚。

接到珊瑚渔船被劫的消息后，热那亚元老院命令多里亚率军远征。多里亚立即组织由 12 艘船组成的船队出发，南下地中海，进攻返回突尼斯的乌鲁基船队。

遭受突然袭击的乌鲁基船队束手无策，毕竟他们的首领有伤在身。多里亚不仅夺回了珊瑚渔船，还夺走了乌鲁基的 6 艘小型加莱船，得意扬扬地返回热那亚。

失去一只手臂和半数船只的乌鲁基并未一蹶不振。伤愈后，他重振旗鼓，于 1514 年率领船队再次出征贝贾亚。

但这次出征依然未能攻克贝贾亚的西班牙要塞。在坚固的要塞和赶来的西班牙援军面前，乌鲁基不得不放弃进攻。他率领船队离开贝贾亚，来到贝贾亚东边 100 公里处的小城吉杰勒。

阿尔及尔之王乌鲁基

不久，进攻贝贾亚失败不得已退守吉杰勒的乌鲁基终于迎来了转机。

1516 年，阿尔及尔的阿拉伯人首领萨利姆为赶走港口要塞内的西班牙守军，向乌鲁基请求帮助。

接受了这一请求的乌鲁基立即着手准备远征阿尔及尔。他派出一支16艘小型加莱船、500名土耳其士兵组成的船队驶往阿尔及尔，自己则带领一队阿拉伯士兵从陆路西进。

双方在阿尔及尔以西约70公里的舍尔沙勒会合后，前往阿尔及尔。但乌鲁基却在进攻西班牙堡垒之前杀了阿尔及尔的首领萨利姆，夺取了阿尔及尔。

萨利姆的儿子逃到阿尔及尔以西400公里的奥兰，请求当地西班牙驻军的援助。这也许是出于“敌人的敌人就是朋友”的理论。

一直企图控制阿尔及尔的西班牙答应了萨利姆儿子的请求，决定从西班牙本土派出一支约1万人的军队。

1517年春，弗朗西斯哥·德·贝拉率领的西班牙舰队南下地中海，目标直指阿尔及尔，但舰队抵达阿尔及尔湾时突遭风暴袭击。

即使在今天，阿尔及尔的3月、4月还都被称为“狂风之月”。刚刚还是晴空万里，转眼间就会刮起狂风、下起暴雨。500年前的那一天，也是这种阿尔及尔特有的暴风雨袭击了西班牙的舰队。

大半船只倾覆，好不容易游到岸上的西班牙士兵立即遭到早已等候多时的乌鲁基士兵的攻击。西班牙军队大败。

乌鲁基虽然击退了西班牙军队，但很快又遭到阿尔及尔附近的阿拉伯人的叛乱。在当地的阿拉伯首领看来，乌鲁基是个突然出现并夺取了阿尔及尔的土耳其人，他们怎肯甘心对乌鲁基俯首帖耳呢？

1517年6月，约1万阿拉伯人在提奈斯集结，进军阿尔及尔。

得到消息的乌鲁基不会坐等敌人的到来。他将阿尔及尔的防守交给弟弟海雷丁，自己亲自率军前往提奈斯迎击阿拉伯人。虽然他只有1000名土耳其士兵，但他们有阿拉伯人没有的毛瑟枪。

两支军队在阿尔及尔西边相遇并发生战斗。人数占绝对优势的阿拉伯人纷纷倒在土耳其士兵的枪口下，大败而归。提奈斯的阿拉伯首领逃亡，乌鲁基毫不费力地占领了提奈斯。

乌鲁基之死

在提奈斯安顿下来的乌鲁基，迎来了一位密使。他来自阿尔及利亚西部的特莱姆森。建都特莱姆森的扎亚尼德王朝

（1236—1550 年），数年前围绕着王位继承发生了宫廷内斗。在斗争中失败的一方想要推翻现在的国王，夺回王位，因此来向乌鲁基求助。

对乌鲁基来说，这是一个夺取特莱姆森的绝好机会。9 月，乌鲁基离开提奈斯，出兵特莱姆森。扎亚尼德王朝出兵迎击。两军在奥兰以东的穆斯塔加奈姆相遇。最终，乌鲁基军队获得了胜利。

扎亚尼德的国王逃回特莱姆森，但被当地反对派贵族杀害。后来乌鲁基进入特莱姆森，并在这个自 13 世纪以来就是扎亚尼德王朝首都的地方度过了冬天。

乌鲁基击败扎亚尼德军队时，西班牙的统治者已是年仅 17 岁的新国王卡洛斯一世（亦称查理五世）。

驻扎在奥兰的西班牙驻军指挥官科马雷斯侯爵向年轻的国王报告北非的形势，并力陈讨伐乌鲁基的重要性。卡洛斯一世采纳了他的建议，派出一支万人大军。

1518 年 5 月，率领大军回到奥兰的科马雷斯侯爵发兵乌鲁基所在的特莱姆森。

乌鲁基接到西班牙大军来袭的消息，明智地判断仅靠自己的 1500 人无法与之对抗，因此离开特莱姆森，撤往阿尔及尔。

乌鲁基军队一路小心避开西班牙大军，但在特莱姆森以东约 50 公里的福艾克萨河岸边，还是被西班牙大军发现，双方发生了战斗。

虽然乌鲁基军队抛出了从特莱姆森带出的财宝，意图吸引西班牙军队的注意，但这一招并未奏效，西班牙大军开展了猛烈的进攻。据说乌鲁基明白这次难以幸免，但还是战斗到最后，追随他的土耳其士兵也悉数尽忠战死。

历史学家迪亚哥·德·埃尔多在《乌鲁基传记》的最后部分是这样描述的：

据了解乌鲁基的人说，乌鲁基死时 44 岁。他个子不高但体格健壮，留着红胡子，眼中充满热情，鹰钩鼻，皮肤由于长年日晒呈浅黑色。他精力充沛，十分勇敢，不畏艰险，品行高洁，为人宽厚。除了战斗中以及受到顶撞时，他从未有过暴虐行为。他深受周围人们的爱戴，也长期为士兵们所敬畏。他死后，士兵们流泪不止。他没有留下子嗣。

他在马格里布地区（阿尔及利亚、突尼斯、摩洛哥的通称）度过了 14 年，其间，基督徒受到迫害。他还当过 4 年吉杰勒之王、2 年阿尔及尔之王以及 1 年特莱姆森的篡位者。

（迪亚哥·德·埃尔多《阿尔及尔诸王史》）

阿尔及尔总督海雷丁

在乌鲁基之后成为阿尔及尔统治者的是他的弟弟海雷丁。

海雷丁面临着危机四伏的局面。科马雷斯侯爵率领的西班牙大军歼灭了乌鲁基军队之后，虽然撤回到奥兰，但他们随时都可能进攻阿尔及尔。海雷丁认为仅凭自己的力量无法对抗西班牙大军，因此决定向奥斯曼帝国寻求援助。

海雷丁向当时奥斯曼帝国的第九代苏丹赛利姆一世派去了使者，以将阿尔及尔作为奥斯曼帝国一个行省为代价，请求奥斯曼帝国的军事援助。

此时的赛利姆一世正有向地中海西部扩张的野心，海雷丁的提议正中下怀。

于是赛利姆一世任命海雷丁为奥斯曼帝国阿尔及尔总督，并立即派去了一支约 2000 人的土耳其军队。这样，阿尔及尔就成了奥斯曼帝国的一个行省。

获得了奥斯曼帝国军事支援以及阿尔及尔总督地位的海雷

丁，开始着手巩固自己辖区内的统治。他开始努力缓和与附近阿拉伯首领的关系，并将当地的统治权还给了曾驱逐乌鲁基的提奈斯地区的阿拉伯首领。与此同时海雷丁开始东征，陆续征服了君士坦丁和安纳巴，扩大了自己的领地。

海雷丁还对海盗开放了阿尔及尔的港口，一时间阿尔及尔成为穆斯林海盗的一大聚集地。

与此同时，西班牙国王卡洛斯一世（1516—1556 年在位）战胜法国国王弗朗索瓦一世（1515—1547 年在位）当选为神圣罗马帝国皇帝。成为神圣罗马帝国皇帝的卡洛斯一世改称查理五世，他也是当时基督教世界的统治者。

为了镇压当时肆虐欧洲各国的穆斯林海盗，查理五世决定进攻已成为海盗聚集地的阿尔及尔。接到命令的提督唐·雨果组成了一支 50 艘船和 5000 名士兵的舰队，向阿尔及尔进发。

但这支辉煌的神圣罗马帝国皇帝的舰队，和几年前贝拉的舰队一样，在阿尔及尔湾遭遇了暴风雨，勉强游上岸的西班牙士兵都成了土耳其士兵的靶子。西班牙军队的这次远征依然以失败告终。

这次远征之后，查理五世陷入了与法国国王弗朗索瓦一世的战争中，无暇顾及北非。其间，海雷丁仍在谋划夺取矗立在阿尔及尔港口入口处的西班牙要塞。

1529 年 5 月，猛烈的炮火落到了阿尔及尔港口小岛的西班牙要塞上。炮击不分昼夜持续了 15 天。要塞中只有约 200 名西班牙守军。第 16 天，土耳其士兵终于攻入要塞。当时要塞中只剩身负重伤的马尔廷上尉和 53 名士兵。

西班牙要塞被彻底拆除，石材用来修筑小岛与海岸之间的堤坝。堤坝长约 200 米，耗时约两年建成，至今仍有部分堤坝留存。

进攻突尼斯

当时，与阿尔及利亚相邻的突尼斯的哈夫斯王朝发生内乱，继位者哈桑为了登上王位杀害了 40 余人。继位后国内对他的反对声日渐高涨。

1533 年，哈桑的反对派秘密联络阿尔及尔的海雷丁，请求他的支持。对海雷丁来说，曾经是乌鲁基和他的共同基地、同时也是地中海战略要地的突尼斯无疑是充满诱惑力的。

不过此时的海雷丁正要前往伊斯坦布尔拜见奥斯曼帝国的苏丹。当时的苏丹是赛利姆一世的儿子苏莱曼一世。

1520年至1566年，在位时间长达40多年的苏莱曼一世是奥斯曼帝国全盛期的苏丹。他广为人知的事迹是1522年将圣约翰骑士团赶出罗德岛重夺地中海霸权和1529年率军包围维也纳。苏莱曼一世和神圣罗马帝国皇帝查理五世以及法国国王弗朗索瓦一世，都是那个动荡时代的代表人物。

在伊斯坦布尔，苏莱曼一世命令海雷丁整顿奥斯曼舰队。由于奥斯曼帝国海军传统并不悠久，才会选中海战经验丰富的海雷丁。海雷丁仅耗时数月就建造了60艘加莱船，打下了奥斯曼海军的基础。

1534年春，苏莱曼一世将阿尔及尔总督海雷丁提升为北非总督，并给了他40艘加莱船。

同年8月，海雷丁率领船队离开伊斯坦布尔，突袭拉格雷塔港。此时的海雷丁已经不是单纯的海盗首领，而是指挥8000余名士兵的奥斯曼帝国北非总督。

听到奥斯曼帝国舰队来袭的消息，哈夫斯王朝的哈桑连忙逃离突尼斯。海雷丁不费一枪一炮便进入突尼斯。早就对哈桑苛政不满的民众，热烈欢迎海雷丁。

逃出突尼斯的哈桑为了夺回王位求助于西班牙。哈桑以一旦自己复位，突尼斯就会臣服于西班牙为条件，要求西班牙出兵对付海雷丁。

几次折戟阿尔及尔的查理五世，也希望能够阻止奥斯曼帝国在地中海西部的势力扩张，因此接受了哈桑的请求，决定出兵突尼斯。他下令从西班牙和意大利召集精锐部队，组建大舰队。

查理五世还亲自担任指挥官远征突尼斯。舰队司令则由安德烈亚·多里亚担任。

热那亚提督安德烈亚·多里亚

古罗马时代作为连接罗马与马赛的停泊港发展起来的热那亚，从中世纪开始向地中海东部和黑海扩张，建立贸易网，发展成与威尼斯并称的意大利代表性的港口城市国家。

围绕着地中海和黑海的控制权，热那亚和威尼斯之间反复爆发激烈的冲突。但 14 世纪之后，热那亚在与威尼斯、奥斯曼帝国的争夺中不断落败，陆续失去了东方的基地。15 世纪的热那亚甚至已经在法国或米兰公国的控制下。

1466 年，安德烈亚·多里亚出生在热那亚的知名家族多里亚家族。他曾作为军官参与了数次战役，1503 年在科西嘉战役的海战中立下军功，被任命为热那亚海军提督。

1522年，多里亚家族在政变中失败，不得不退出政治舞台。本来一帆风顺的多里亚也被迫离开热那亚。

多里亚去了法国，法国国王弗朗索瓦一世任命他为海军提督。但多里亚不满自己的待遇，也不满弗朗索瓦一世对热那亚的暴政，因此1528年起兵反对弗朗索瓦一世，以热那亚共和国独立为条件投靠了西班牙的查理五世。

当时法国正在入侵意大利南部，即将攻占西班牙控制下的那不勒斯。由于多里亚率领的舰队反叛，法国军队失去了从海上而来的粮食补给，无奈之下只得从意大利撤军。可以说是多里亚的反叛阻止了法国对意大利的入侵。

因为他在法国和西班牙之间不断反复的经历，人们通常将多里亚看作是海上的雇佣兵首领。不过他的这种反复投靠行为恐怕并非完全出自自己的意志，在那个时代，这是出生在热那亚这种小国军人的必然命运。

顺便提一句，除了多里亚，热那亚还诞生了一位在那个时代搅动风云的大提督。他就是大名鼎鼎的克里斯托弗·哥伦布。1451年，哥伦布出生在热那亚的郊外，比多里亚早15年出生。

多里亚与哥伦布都是虔诚的基督徒，性格具有中世纪特点，正是凭借着这种宗教热情，他们开创了新时代。这一点在历史上颇为耐人寻味。

查理五世远征突尼斯

1535 年 7 月，多里亚指挥载有查理五世的西班牙舰队，从巴塞罗那出发前往突尼斯。这次远征的最大目的就是镇压海雷丁，扫除奥斯曼帝国在地中海西部的势力。

由于国王亲征，这支西班牙舰队声势浩大，共从西班牙、德国、意大利、葡萄牙征集了 2.5 万人的军队，拥有 90 艘大型加莱船，400 艘帆船，并装载大量火炮和弹药。西班牙舰队在撒丁岛和马耳他骑士团的舰队会合后，兵锋直指突尼斯。

作为奥斯曼帝国的北非总督，海雷丁自然也做好了迎敌准备。他加固了突尼斯拉格雷塔港的要塞。

西班牙舰队终于出现在突尼斯湾。在多里亚的命令下，西班牙舰队向拉格雷塔港猛烈开火。查理五世将海上进攻交给多里亚，自己则率领军队在拉格雷塔港附近登陆，从陆路向要塞开炮。

据说海、陆两方面的炮击持续了 3 周，终于击毁了拉格雷塔港要塞的一部分。马耳他骑士团一马当先，西班牙军队一拥而入。经过激烈的战斗，要塞终于被攻破。

虽然拉格雷塔的要塞被攻占，但 5 公里外的突尼斯城还有城墙和近万守军。但恰在此时发生了一件事。突尼斯城内作为奴隶的基督徒发动了叛乱，他们关闭城门，使得出战的海雷丁军队无法返回城内。

被拒之门外的海雷丁率领4000名士兵被迫离开突尼斯城，逃往西部，那里有准备好的舰队。查理五世轻而易举地进入突

攻击拉格雷塔港

尼斯城，解放了约 2 万名沦为奴隶的基督徒。

撤离突尼斯的海雷丁立即率领 30 余艘加莱船袭击了西班牙的梅诺卡岛。他将马翁劫掠一空，并掳去了 6000 多居民。由于西班牙远征突尼斯，此地防守薄弱，海雷丁正是瞅准了这个机会。多里亚立即派舰队追赶海雷丁，但早已看不到海雷丁的影子了。

不过西班牙恐怕也没什么资格指责海雷丁的海盗行径。将城市劫掠一空的并非只有海雷丁。进入突尼斯城后，查理五世也纵容军队在城中整整劫掠了三天。突尼斯的居民三分之一被杀，三分之一沦为奴隶。

同时，按照之前的约定，突尼斯哈夫斯王朝的哈桑复位。

依靠西班牙军队的屠杀夺回权力宝座的哈桑，其统治也不可能顺利。突尼斯周边不断爆发反对哈桑的叛乱。在西班牙的军事支持下，哈夫斯王朝持续了近 40 年，但哈桑本人被他的继任者、也是他的儿子问罪，投入监狱，并最终死在狱中。

普雷韦扎海战

在劫掠梅诺卡岛之后，海雷丁返回阿尔及尔，并计划再次出兵夺回突尼斯。为了获得援军，海雷丁再次前往伊斯坦布尔面见苏莱曼一世。海雷丁的加莱船队上载了不少奴隶，他们都是从梅诺卡岛上掳来的，准备献给苏莱曼一世。

海雷丁在伊斯坦布尔见到了苏莱曼一世，但苏莱曼一世给他的指令并非夺回突尼斯，而是袭击意大利南部。苏莱曼一世还任命他为奥斯曼帝国的海军大提督。

就这样，出生在莱斯沃斯岛上一个普通家庭的海雷丁，不仅当上了海盗首领、阿尔及尔的实际统治者，而且还成了奥斯曼帝国的海军最高指挥官。

按照苏莱曼一世的命令，海雷丁率领奥斯曼帝国舰队前往意大利南部。虽然已经是奥斯曼帝国的海军大提督，但海盗出身的海雷丁还是采用一贯的手法。他率领奥斯曼舰队反复袭扰意大利南部沿海城市。这种海盗行为终于招致欧洲各国的反抗。

1538 年，为击退奥斯曼帝国舰队，神圣罗马帝国、威尼斯共和国与罗马教皇结成了神圣同盟，组建联合舰队，任命多里亚为联合舰队总司令。

终于，海雷丁迎来了和多里亚的再次对决。莱斯沃斯岛出身的“海盗”和热那亚出身的“雇佣兵首领”，他们手里掌握着伊斯兰世界与基督教世界的命运。此时不论是海雷丁还是多里亚都已经60多岁了。

奥斯曼舰队与欧洲舰队在希腊西南部亚得里亚海入海口处各自集结。从力量对比看，欧洲舰队有6万士兵、300艘舰船，

普雷韦扎海战

而奥斯曼舰队则有 2 万士兵、120 艘舰船。兵力对比上欧洲方面占优。

1538 年 9 月 25 日，得知欧洲舰队在科孚岛集结，海雷丁便进入普雷韦扎湾等待对手。一旦欧洲舰队靠近普雷韦扎湾，奥斯曼舰队便立即进入临战状态。

双方互相试探了三天，9 月 28 日海雷丁终于下达了进攻命令。

面对奥斯曼舰队的进攻，欧洲舰队的司令官多里亚却下令避其锋芒，一旦风向不利，便迅速逃避。

关于多里亚消极避战的理由，说法不一。一种说法认为他想避免自己的舰船受损，另一种说法是他对于为热那亚的敌人威尼斯而战并不积极，还有一种说法是多国联合舰队无法开展统一协同作战。

结果就是两支舰队各损失了几艘舰船之后，这场海战便草草收场。兵力明显占优的欧洲舰队主动退却是无法改变的事实。从结果看，欧洲舰队并未达成当初要击败奥斯曼舰队的目的。

后来对神圣同盟越来越不信任的威尼斯，单独与奥斯曼帝国达成协议。欧洲各国无法达成统一的意见，于是意在对付奥斯曼帝国的神圣同盟最终瓦解。

查理五世远征阿尔及尔

查理五世虽然攻占了突尼斯，但阿尔及尔仍然是海盗的聚集地，地中海的海盗活动也依然猖獗。被任命为阿尔及尔统治者的是海雷丁袭击撒丁岛时带走、并视如己出般亲自抚养的哈尔桑。

查理五世决定再次出征阿尔及尔。与成功拿下突尼斯的那次出征一样，他仍然任命多里亚为舰队司令，自己也依然亲征。

查理五世率领的西班牙军队与远征突尼斯时一样阵容庞大。根据西班牙的记录，共有 2.4 万士兵、1.2 万船员。舰队由 65 艘加莱船、400 余艘运输船组成，装载大量火炮、弹药和 2 万匹战马。而根据土耳其编年史作者的记载，对于出现在阿尔及尔湾的西班牙舰队，守军队长看到的是“战舰铺满海面，根本数不过来”。

1541 年 10 月 19 日，查理五世的西班牙舰队从马略卡岛出发前往阿尔及尔。据说多里亚反对此时出征，因为风平浪静的夏季即将过去。

多里亚的担心终于变成现实。10 月 24 日抵达阿尔及尔湾的西班牙舰队突遇暴风。虽然他们在前一天就开始登陆，但当时绝大部分舰船还停留在海上。

查理五世率领的第一批登陆的西班牙军队包围了阿尔及尔。但由于大雨，火炮等火器无法使用，弹药、粮食等补给也跟不上，西班牙军队一下子陷入困境。阿尔及尔城内的土耳其军队趁机发动进攻，西班牙军队败退，查理五世也撤退到近郊的营地。

第二天，天气更糟，海上起了风暴。虽然多里亚一再制止，但仍然有许多舰船为了与登陆的查理五世会合强行靠岸，结果是纷纷触礁、沉没。仅 25 日这一天，就损失了三分之一约 150 艘舰船。而那些艰难登陆的西班牙士兵也被土耳其军队击退。

一周前意气风发从马略卡岛出发的西班牙舰队，早已没有了当初的样子，士气低落，除了撤兵别无选择。这是西班牙的第三次耻辱败退。

在这次出征阿尔及尔的西班牙军队中，有一个叫埃尔南·科尔特斯的人。1521 年，科尔特斯消灭了阿兹特克王国，成为新西班牙（墨西哥）总督。但由于政治立场的对立，他失去了总督一职，于 1540 年回到西班牙。

对科尔特斯来说，参加这次出征阿尔及尔的作战，是表示对查理五世的忠诚、建立军功以重新获得新大陆总督地位的绝好机会。因此他一直到最后都反对撤兵。回到西班牙后的科尔特斯并没能获得总督的任命。1547年，这次出征6年后，科尔特斯在塞维利亚去世，终年62岁。

没信心的同盟

1513年，正在佛罗伦萨当外交官的尼可罗·马基雅维利，完成了《君主论》。《君主论》的问世标志着西方国家观念演变的又一阶段，即从基于宗教和道德的中世纪式的政治思想，向基于阴谋权术的近代政治思想的转变。

比如，对于君主是否应该遵守信义，马基雅维利是这么说的：

> 君主守信义、不依靠计谋而凭借诚信生活无疑是值得称赞的，也是人人皆知的。但凭经验我们都知道，那些能够成就一番事业的君主，无一不是从不将信义放在心中、凭借计谋玩弄人心的高手。并且正是这些君主击败了那些讲信义的君主。
>
> （马基雅维利《君主论》）

马基雅维利的主张与本书第二章提到的奥古斯丁的主张形成了鲜明对比。

马基雅维利认为，君主实行统治时应优先考虑的并非信义，而是计谋。奥古斯丁所提倡的宗教道德观念在马基雅维利这里都不值一提，取而代之的是对秩序的维持以及权力本身。

那个时代对马基雅维利的主张身体力行的是法国国王弗朗索瓦一世。弗朗索瓦一世生于 1494 年，比查理五世大 6 岁，1515 年即位成为法国瓦卢瓦王朝第九代国王。

与查理五世的辉煌一生不同，弗朗索瓦一世的一生充满挫折。起初是在 1519 年神圣罗马帝国皇帝的选举中落败。随后，法军 1525 年在意大利的帕维亚战役中大败，弗朗索瓦一世被俘，并被关押在马德里。继在神圣罗马帝国皇帝的选举中败给查理五世之后，弗朗索瓦一世这一次甚至成了查理五世的阶下囚。

第二年，弗朗索瓦一世在签署了《马德里条约》后被释放，在该条约中，法国承诺放弃在意大利的权益。但他一回到法国就宣布《马德里条约》无效，接着出兵意大利南部。1528 年在即将攻下那不勒斯时由于多里亚的叛乱补给中断，不得不撤军。

弗朗索瓦一世为了对抗查理五世甚至开始接触奥斯曼帝国。虽然在反对查理五世这一点上，法国和奥斯曼帝国有相同的立场，但作为伊斯兰世界盟主的奥斯曼帝国本来应该是基督教世界的宿敌。

1532 年弗朗索瓦一世派使节去见苏莱曼一世，希望能够建立起良好关系。据说法国国王送给苏莱曼一世一个华贵的四层王冠。

1533 年弗朗索瓦一世接见了阿尔及尔总督海雷丁派去的特使，双方确认建立友好关系。

前文提到的海雷丁进攻突尼斯是在 1534 年，在海雷丁看来，要在北非对抗西班牙，与法国建立友好关系意义重大。

1535 年春天，海雷丁占领突尼斯，这时一位弗朗索瓦一世的使者来见海雷丁。弗朗索瓦一世提出请海雷丁进攻热那亚和西西里。

但是由于查理五世立即开始远征突尼斯，因此弗朗索瓦一世和海雷丁的共同作战未能实现。具有讽刺意味的是，由于查理五世成功攻下突尼斯，使得苏莱曼一世感到西班牙的威胁，结果促成了奥斯曼帝国与法国的进一步接近。

1536年法国向伊斯坦布尔派驻大使,两国交换“治外法权”。所谓“治外法权”，是指给予居住在奥斯曼帝国境内的外国异教徒在通商、居住、免税等方面的优待政策。凭借治外法权获得优待的法国商人，取代了热那亚和威尼斯商人，开始进入由奥斯曼帝国控制的地中海东部。

弗朗索瓦一世不仅与奥斯曼帝国建立了通商关系，还建立起军事同盟。军事同盟的目标是由法国夺取意大利北部，奥斯曼帝国则取得意大利南部。

海雷丁为了再次进攻突尼斯向苏莱曼一世寻求帮助是在这个军事同盟刚刚成立之后不久。此时苏莱曼一世要求海雷丁进攻的目标并非突尼斯而是意大利南部。海雷丁执行了苏莱曼一世的指示，侵扰意大利南部。他的行动刺激了欧洲各国，促进了神圣同盟的建立，并引发了普雷韦扎海战。

法国自然没有在普雷韦扎海战中加入神圣同盟一方。普雷韦扎海战虽然存在伊斯兰世界与基督教世界冲突这一中世纪的宗教战争的因素，但更确切的解读应是查理五世、弗朗索瓦一世和苏莱曼一世之间争夺地中海霸权的战争。

奥斯曼、法国共同作战

1542 年，为了争夺意大利，查理五世与弗朗索瓦一世再燃战火。法国舰队和奥斯曼帝国舰队开始共同作战。

为了执行共同作战，海雷丁率领奥斯曼帝国舰队来到马赛。当海雷丁的舰队横渡地中海前往马赛时，一如既往地劫掠了意大利沿海地区。抵达马赛的海雷丁舰队的船舱中，满是被俘获的基督徒。

在马赛，海雷丁受到弗朗索瓦一世的欢迎。两国舰队开始执行共同作战。他们首先进攻近郊的尼斯，但未能攻破由马耳

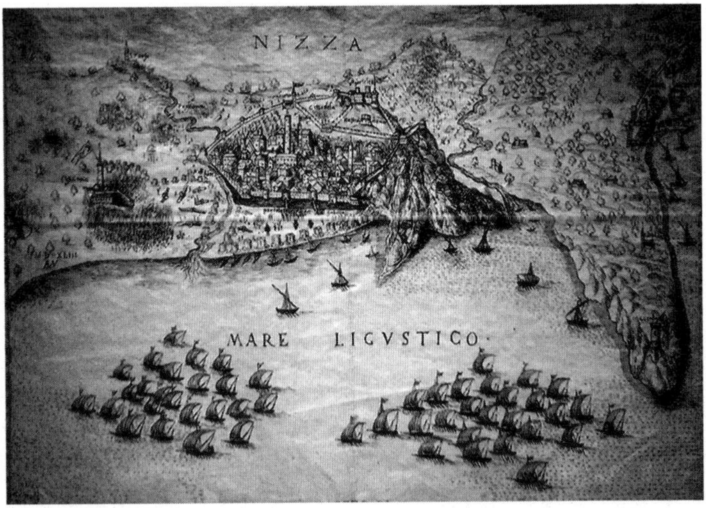

奥斯曼和法国联合舰队围攻尼斯

他骑士团防守的要塞，只能撤退至法国南部土伦港。

海雷丁十分中意土伦港，在此停留一年多。其间在他的授意下，军队不断侵扰意大利和西班牙。每次奥斯曼舰队劫掠完毕回到土伦港，海雷丁都会派运输船把掳来当奴隶的基督徒送回阿尔及尔。事实上，当时的土伦港已经成为穆斯林海盗的基地。

对此，弗朗索瓦一世无疑也感到愧疚。他以解救法国奴隶的名义支付给海雷丁大笔金钱，还赠送大量珠宝甚至负担返回伊斯坦布尔的船员工资并提供粮食，终于使得海雷丁同意离开土伦港。

自法国返航途中海雷丁依然对意大利沿海劫掠一番，满载大量基督教奴隶回到了伊斯坦布尔。两年后的1546年，海雷丁在伊斯坦布尔去世。

马耳他包围战

海雷丁的继任者仍然在地中海肆虐。但也许是远征阿尔及尔失败的阴影仍在，查理五世始终没有再次出兵北非。

与穆斯林海盗对抗的换成了圣约翰骑士团。他们被赶出罗德岛后，1530 年从查理五世处获得新的居住地——马耳他岛。因此他们也被称为马耳他骑士团。他们的舰队以打击伊斯兰势力的名义袭击北非的船只和沿海地区，大肆劫掠。据说在当时，马耳他岛已经成为穆斯林奴隶交易的中心地。在北非各国看来，马耳他骑士团无疑就是海盗。

为了进攻马耳他，苏莱曼一世下令组建一支由 190 艘船组成的舰队。1565 年，他派出一支 2.8 万人的土耳其军队。马耳他方面的守军有马耳他骑士团 600 人、雇佣军 6000 人以及马耳他岛的居民约 3000 人。

1565 年 5 月 19 日，奥斯曼舰队由马耳他岛南侧的马尔萨什洛克港靠岸。军队从海陆两路向骑士团聚集的东部的圣艾尔莫要塞进军。总司令是由苏丹任命的穆斯塔法·帕夏，但实际指挥舰队的是后来参与了勒班陀海战的海盗乌鲁格·阿里。

马耳他骑士团的团长是法国人让·德·拉·瓦莱特。他曾经被穆斯林海盗抓住做过奴隶桨手，但并未屈服，是一名真正的骑士。瓦莱特当时已年近 70，但还是坐镇前线亲自指挥。

5 月 27 日，位于海角的圣艾尔莫要塞遭到海上、陆上两方的猛烈炮击。6 月，的黎波里总督德拉格特赶到，也加入了对要塞的进攻。

德拉格特是海雷丁发现的人才。他也曾经被西班牙军队俘获，在多里亚的舰队做过加莱船的桨手，后来在奥斯曼舰队停驻土伦港期间被海雷丁解救。

由于德拉格特的到来，再加上奥斯曼军队不断加强攻势，6 月 23 日圣艾尔莫要塞被攻破。

奥斯曼军队虽然攻破了要塞，但自身也损失惨重——伤亡 6000 人，德拉格特也被榴弹碎片所伤，不幸阵亡。与此同时，瓦莱特所在的圣安杰罗要塞和圣迈凯伦要塞还在继续抵抗。

7 月 8 日，阿尔及尔总督哈尔桑派出的约 2500 人的舰队抵达马耳他岛。骑士团方面也得到了来自西西里的约 600 人、4 艘加莱船的援军加强要塞的防守。

双方进行了激烈的争夺，但进入 9 月，看到来自西西里的支援船队抵达马耳他，奥斯曼司令官穆斯塔法・帕夏终于放弃对马耳他岛的进攻，下令撤退。9 月 13 日，奥斯曼军队撤军。

勒班陀海战

放弃进攻马耳他的奥斯曼帝国将目光转向地中海东部的塞浦路斯。

处于威尼斯控制下的塞浦路斯岛，对于承担地中海贸易往来的威尼斯来说就是生命线，对欧洲来说则是地中海东部最后的立足点。威尼斯说服了罗马教皇庇护五世（1566—1572 年在位），再次组成了由西班牙、威尼斯、罗马教廷、马耳他骑士团组成的神圣同盟。

查理五世已于 1558 年去世，此时的西班牙国王是他的继任者腓力二世（1556—1598 年在位）。在教皇庇护五世的要求下，腓力二世派出一支舰队。他任命安德烈亚·多里亚的侄子乔瓦尼·安德烈亚·多里亚为司令官。

1570 年，奥斯曼舰队的 10 万大军逼近塞浦路斯，但神圣同盟的司令官多里亚却以没有腓力二世的命令为由，拒绝让军队前往集结地克里特岛，而是在西西里岛待命。与普雷韦扎海战时一样，多里亚不愿为了敌国威尼斯而战。

当年 9 月，多里亚终于率军抵达克里特岛，并于 9 月 13 日离开。但在四天前的 9 月 9 日，奥斯曼军队已经攻下了塞浦路斯的中心城市尼科西亚。

结果多里亚的舰队没有前往塞浦路斯而是回到了克里特岛。在地中海狂暴的冬天到来之前，神圣同盟舰队解散了。神圣同盟无非是又重复了一次普雷韦扎海战的失利。

第二年，庇护五世再次组成联合舰队。在威尼斯的要求下，司令官由查理五世的私生子、腓力二世的异母弟弟唐·胡安担任。联合舰队由 200 余艘加莱船和 6 艘搭载了巨型火炮的大型加莱船组成，其中半数来自威尼斯。

此时交战另一方的奥斯曼帝国苏丹，也从苏莱曼一世换成了他的儿子赛利姆二世。普雷韦扎海战中的苏莱曼一世与查理五世的争斗，现在延续到了他们儿子这一代。

奥斯曼舰队的司令官是阿里·帕夏，舰队左翼的指挥官则是阿尔及尔总督乌鲁格·阿里。参加过进攻马耳他战斗的乌鲁格·阿里出生在意大利南部的一个渔村，是渔民的儿子。少年时被阿尔及尔海盗掳走成了奴隶，曾在加莱船上当桨手。后来改名为乌鲁格·阿里，成了海盗首领，并且与海雷丁一样当上了阿尔及尔总督。

与乌鲁格·阿里对阵的是联合舰队的右翼，去年出兵塞浦路斯时担任司令官的多里亚。

1571 年 9 月 16 日，推迟出发的神圣同盟联合舰队离开西西里的墨西拿，抵达亚得里亚海的科孚岛。联合舰队得到消息，奥斯曼舰队停泊在西南方的勒班陀，于是联合舰队 10 月 3 日离开科孚岛向勒班陀进发。10 月 7 日，联合舰队抵达勒班陀，在港口的入口摆好阵势准备迎击奥斯曼舰队。

得知联合舰队正在接近的消息，奥斯曼舰队也做好了准备。相对于联合舰队的200余艘舰船，奥斯曼舰队有近300艘小型加莱船。两军的士兵和水手共计约20万人。一场地中海上最大规模的海战即将爆发。

首先发动攻势的是奥斯曼舰队。奥斯曼舰队的战舰排成一列冲击联合舰队的阵营。威尼斯的大型加莱船上的火炮开始开火，但奥斯曼舰队还是突破炮火冲进联合舰队的阵地。

激烈的战斗开始了。战线北侧，威尼斯的加莱船队凭借灵活的阵型，使奥斯曼舰队的战舰在浅滩触礁动弹不得。南侧，多里亚避开正面进攻，指挥舰队南下，对方的乌鲁格·阿里的舰队并不追击，而是突袭联合舰队的大本营。但多里亚的舰队突然返回，包围了乌鲁格·阿里的舰队。乌鲁格·阿里自己逃走了。作为海军将领逃跑的行为会受到指责，但作为一个海盗，当形势不利时逃走却是最自然的选择。

双方舰船缠斗在一起，士兵登上对方舰船开展白刃战。奥斯曼舰队司令官阿里·帕夏被炮火击中。失去了司令官的奥斯曼舰队溃败。在这场海战中，奥斯曼帝国伤亡高达两三万人，欧洲方面则损失了七八千人。

勒班陀海战

勒班陀海战之后的地中海，没有了16世纪上半叶争夺霸权的苏莱曼一世、查理五世、弗朗索瓦一世以及海雷丁、安德烈亚·多里亚等人。弗朗索瓦一世终究没能打败查理五世。查理五世也在出兵阿尔及尔失败后就放弃了对北非的征服。在普雷韦扎海战中获胜的苏莱曼一世控制地中海的企图受挫于进攻马耳他的失败。结果，没有一方能够独霸，地中海一直维持着各方势力的均衡态势。

另一方面，15世纪奥斯曼帝国向地中海的扩张，导致途经威尼斯、热那亚等地进行的地中海贸易往来停滞。断绝了与东方贸易商路的欧洲各国，开始寻求独自开展东方贸易的新通道。这也拉开了以开辟印度新航路为开端的大航海时代的帷幕。

塞万提斯的《堂吉诃德》

西班牙的一位作家也作为一名士兵参加了勒班陀海战。他就是写下了《堂吉诃德》的米格尔·德·塞万提斯（1547—1616年）。

1547年，塞万提斯出生于西班牙中部的阿尔卡拉德埃纳雷斯镇一个低等贵族之家。他的父母共有四子三女，他是家中次子。他父亲是一名外科医生，但家中生活贫困，不得不经常搬家辗转各地。因此塞万提斯没有受过良好教育。

1569 年，22 岁的塞万提斯来到罗马，第二年加入那不勒斯的步兵连队。1571 年秋，他乘上加莱船，参加了勒班陀海战。在战斗中，塞万提斯胸部中两枪、左臂中一枪，并因此失去了左臂。但他一生都以这段经历为傲。在《堂吉诃德》的后记中，他是这样写的：

> 我身上的伤疤对于看到它的人们而言也许并非光辉的印记。但至少在那些知道这些伤疤是在何时何地留下的人们眼中，它能够得到尊重与肯定。这是因为对于一个士兵来说，负伤倒下无疑比平安无事地逃走更荣耀，这也是我坚定的信念。假如现在有人告诉我可以改变过去发生的一切，那么比起避免参加那场光荣的战斗从而保留健全的肢体，我宁可自己置身于那激烈的战斗中去。士兵脸上、胸膛的伤疤，正是引领其他人前往名誉的天堂、前往能够获得正当称赞的天堂的指路明灯。

勒班陀海战后塞万提斯从军队退役。他与弟弟一同乘船返回西班牙，但在海上遭到海盗袭击，被带去阿尔及尔。

为了在回到西班牙后能够获得一官半职，塞万提斯身上带有勒班陀海战司令官唐·胡安和那不勒斯总督写的推荐信。这让海盗们相信他是个大人物，于是索取高额赎金。结果塞万提斯在阿尔及尔一待就是5年。

当时阿尔及尔的奴隶生活十分艰辛。他们戴着粗重的锁链，行动困难。公共的奴隶被送进称为浴场的地方，被迫整日从事着采石、土木工程等重体力劳动。

但就是在这样严酷的奴隶生活中，塞万提斯表现出他的勇敢无畏。他曾数次试图躲过看守逃跑。通常逃跑失败的奴隶会被处死，但不知是因为塞万提斯被海盗们当作能够获得巨额赎金的贵族，还是因为阿尔及尔的统治者哈尔桑看中塞万提斯的勇气，总之他并没有被处死。1580年，从西班牙来的传教士与海盗交涉为他赎身，塞万提斯终于重获自由，他乘上前往瓦伦西亚的船，回到了阔别10年的祖国。

但回国后等待塞万提斯的，却与他作为在勒班陀海战中光荣负伤退役的战士、在阿尔及尔的奴隶生活中不屈不挠坚持下来的英雄身份并不相符。

没有他期待中的嘉奖和官职，生活贫困的塞万提斯开始了

阿尔及尔的奴隶市场

剧作家的生涯。但他作为作家也并不为世人认可。为了生活，他当了一个低级官吏，负责为无敌舰队征收粮食、收取滞纳税金。

此时塞万提斯又遇到了不幸。他存储征收来的税金的银行破产了。由于无法弥补应上缴国库的税金，他被关进监狱。处于人生谷底的塞万提斯写出了《堂吉诃德》这部小说并于出狱后出版，那时他已经58岁了。

《堂吉诃德》描述了主角阿隆索·吉哈诺因为沉迷于中世纪的骑士小说，时常幻想自己是个中世纪骑士，“行侠仗义”，做出了种种与时代相悖、令人匪夷所思的行径，结果四处碰壁的故事。

但其实《堂吉诃德》的故事并非单纯的喜剧。虽然不被周围的人理解，但义无反顾地坚持自己道路的堂吉诃德，与数次遭遇悲惨命运但从不屈服的塞万提斯经历相重合。让人们在体会人生的悲哀时，也感受到人类的意志、信念的力量。《堂吉诃德》之所以有超越时代打动人心的力量，正在于作品中蕴含的人性光辉。

在世界史上，勒班陀海战的结束标志着曾有骑士行侠仗义的中世纪的结束，欧洲各国争夺财富和霸权的新时代即将开始。世界史的中心，也将随之从地中海转移到新世界。

第四章

海盗的黄金时代

发现新大陆

1451 年热那亚郊外一个纺织工人家中，诞生了一名男婴。他就是后来成为西班牙的海洋提督的哥伦布。

哥伦布从少年时代起就给父亲帮忙，参与了地中海贸易。在他年近 30 时，移居葡萄牙的里斯本并以此为据点，多次航海前往英格兰、爱尔兰、西非等地。也正是在这时，他萌生出从欧洲向西航行也能够到达东方的想法。

1483 年，哥伦布向葡萄牙国王若奥二世提出向西远航的计划，但自从 15 世纪上半叶的恩里克王子时代起，葡萄牙就开始不遗余力地开拓非洲西岸的航线，因此拒绝了哥伦布的提议。

葡萄牙对非洲西海岸的探险航行最初使用的是能够逆风航行的三角帆帆船——卡拉维尔帆船，后来又发明了适合在大洋远航的、使用横帆的卡瑞克帆船。到了该时期，小型帆船的航海能力得到很大发展，哥伦布、达·伽马等航海家都使用过卡瑞克帆船。

游说葡萄牙王室失败之后，1485 年哥伦布前往西班牙。第二年谒见西班牙伊莎贝拉女王（1474—1504 年在位），当面提出了远航计划。伊莎贝拉女王将哥伦布的提议交委员会审核，但委员会否定了哥伦布的计划。哥伦布又先后游说法国、英格兰等国，但均未得到期望中的答复。

终于西班牙向哥伦布伸出了橄榄枝。1492 年西班牙消灭格拉纳达王国，完成了伊比利亚半岛上的收复失地运动。伊莎贝拉女王同意了哥伦布的远航计划，并与他签订了协议。

协议的内容包括：西班牙承认哥伦布拥有所发现的岛屿、大陆的总督地位，能够获得战利品的 10%。这个协议充分满足了哥伦布提出的条件。据说他一直以来对这些条件寸步不让。另外，哥伦布的计划也得到了西班牙当地热那亚商人的支持。

1492 年 8 月 3 日，哥伦布率领船队从西班牙巴罗斯港出发，向西航行，开启了前往印度的东方远航。哥伦布的旗舰是圣母玛利亚号，另外还有两艘分别是平塔号和尼尼亚号，共有船员 90 人。这支小船队花了两个月的时间，在 10 月 12 日抵达加勒比海巴哈马群岛中的瓜纳哈尼岛，并将其命名为“圣萨尔瓦多岛”。以后又陆续抵达加勒比海的古巴岛、伊斯帕尼奥拉岛（今海地岛）。

众所周知，哥伦布此次远航的目的并非发现美洲大陆，而是寻找一条前往卡塔伊（中国）、希潘古（日本）等亚洲国家的新航路。因此当他抵达伊斯帕尼奥拉岛并听当地人提到岛上有一座名为希巴奥的金山，便认定这就是马可波罗在他的游记中提到的黄金之国希潘古（日本）。

在拉斯卡萨斯神父摘要的哥伦布航海日志中，12 月 24 日有这样一段记载：

> 一个男人告诉提督，他能告诉他金矿的地点，提督很高兴。这个男人带来了一个人，是他的朋友或是亲戚。这两人提到了黄金产地的名字，又说到了黄金之国，当地称为希巴奥。那里盛产黄金，当地的酋长就有一个黄金旗幡。但此地在遥远的东方。

不过在发现希潘古的第二天，圣母玛利亚号就在伊斯帕尼奥拉岛北部海湾搁浅了。哥伦布将 39 名船员留在海岸的要塞，将寻找金山的任务托付给他们后，暂时返回了西班牙。

哥伦布的命运

1493 年 3 月，哥伦布回到巴罗斯港，向伊莎贝拉女王报告此次航行结果。得知哥伦布发现了新航路，整个西班牙沸腾了。于是西班牙迅速筹集到了再次远航的资金，9 月末哥伦布开始了他的第二次远航。这次是 17 艘船组成的船队，还带了 1500 名殖民者。

但是当哥伦布再次抵达伊斯帕尼奥拉岛时，却发现当初留下的西班牙人无影无踪，要塞也被烧毁。据当地居民说，船队走后留下的西班牙人由于在当地抢女人爆发了内乱，后来他们抢掠妇女的行径愈演愈烈，当地酋长忍无可忍，便杀了这些西班牙人。

哥伦布建立了新的殖民据点，命名为伊莎贝拉，并在当地继续寻找金山。但历经数月也毫无结果。不仅未能获得期望中的黄金，甚至陷入了粮食短缺的困境。做着发财梦来到这里的殖民者们愈发不满，于是哥伦布将此地交给弟弟迪亚哥，自己率领船队继续出发。

在对牙买加岛和古巴岛进行一番探险之后，哥伦布回到了伊莎贝拉。他立即发现殖民地的形势正在恶化。结果哥伦布不仅没能找到黄金，甚至无法维持对当地的殖民统治，1496 年 6 月，哥伦布回国向伊莎贝拉女王汇报。

此时西班牙国内对哥伦布已经是恶评不断。由于远航毫无成果，再加上很多人嫉妒哥伦布这样一个热那亚人获得总督的职位，所以哥伦布处境艰难。当他终于完成种种准备开始第三次远航，已经是两年后的 1498 年 5 月。这次未能征集到众多的殖民者，结果船队只有 6 艘船。

第三次远航，哥伦布调整了航路，向南航行发现了南美的委内瑞拉。这一地理发现是第三次远航的重大成果。但当哥伦布抵达伊斯帕尼奥拉岛的圣多明戈时，等待着他的是意想不到的打击。王室派来调查殖民地情况的弗朗西斯・德・博巴蒂利亚逮捕了哥伦布，并给他套上枷锁，送回西班牙。

1500 年 10 月，哥伦布谒见西班牙的两位国王（伊莎贝拉女王和斐迪南二世），两位国王承认了对他的处理不当，并承诺处分当事人。但还是在 1501 年 9 月任命尼古拉斯・德奥班德为伊斯帕尼奥拉新总督。这事实上剥夺了与哥伦布协议中约定的赋予其在新大陆上的权力。

1502 年 3 月，哥伦布获准进行第四次远航，但不得停靠伊斯帕尼奥拉。

1502年5月，哥伦布带领4艘船开始第四次远航。他的船队到达了哥斯达黎加和巴拿马等中美洲东岸，但损失了两艘船。哥伦布所乘的船还在牙买加触礁，不得不在该地滞留了一年。1504年8月，哥伦布乘坐救援船终于抵达圣多明戈，却得知西班牙政府已经任命邦德为该地的新总督，这里已经没有自己的立足之地了。9月哥伦布离开圣多明戈，11月返回西班牙。这也是哥伦布的最后一次航行。同年11月，哥伦布的支持者伊莎贝拉女王逝世，此后哥伦布一直未能获准再见到西班牙的国王。1506年5月，哥伦布在西班牙的巴利亚多利德去世。

西班牙的劫掠

哥伦布发现新大陆后，欧洲人开始以掠夺黄金为目的蜂拥前往加勒比海和美洲大陆。这也是欧洲人劫掠的开端。

哥伦布第一次航行抵达伊斯帕尼奥拉时，对当地居民的印象是这样的：

> 印第安人（西班牙语“印度人”的意思）均赤身裸体，

没有武器，也不会使用武器。他们十分胆小，1000 人也挡不住我们 3 个人。我们可以命令他们，让他们播种、劳动，做一切必要的事。他们都十分听话。还应该教会他们建立村落，穿上衣服走路，学会我们的习惯。

在民风淳朴的伊斯帕尼奥拉岛上，由于西班牙人的疯狂劫掠引发了内乱，要塞被烧毁。西班牙人还抢夺食物、女人，奴役当地人，因此当地叛乱频发。局势进一步恶化的原因之一是西班牙王室认可的大授地制。

大授地制是西班牙王室赋予殖民者奴役当地居民权利的制度。而殖民者则需要保护当地居民并推动当地基督教的普及。实际上，殖民者们关心的只是获取财富，他们将当地居民当作奴隶，驱使他们从事土木工程和矿山开采等重体力劳动。

受到欧洲人带来的疫病影响，当地人口短时间内迅速减少。1492 年加勒比海域约有居民 300 万人，据统计 30 年后便减少到了 10 万人。

另一方面，被称为“征服者”的西班牙人，组建了自己的军队，开始进入美洲大陆内陆。

1504 年抵达伊斯帕尼奥拉岛，1511 年与迭戈 · 贝拉斯克斯共同征服古巴的埃尔南·科尔特斯，于1519年率领约600人进入中美洲。科尔特斯得到阿兹特克王国的情报后出兵，1521年消灭了阿兹特克王国。

西班牙王室承认了这些征服者对当地的征服行为。1522年，科尔特斯被西班牙国王授予墨西哥总督一职。后来在当地的权力问题上，科尔特斯与西班牙王室产生了矛盾。为了恢复自己的权力，科尔特斯回到西班牙向国王请愿。当时正值查理五世出征阿尔及尔，于是科尔特斯也参与了此次出征。这一点在第三章已经提及。

1532年，征服者弗朗西斯科·皮萨罗仅仅带领180余人便入侵了南美秘鲁的印加帝国，残杀了1万印第安人，夺走了大量黄金，灭亡了印加帝国。欧洲人在殖民地大肆杀戮、掠夺财富、奴役当地居民的暴行也蔓延到了加勒比海域和美洲大陆。

拉斯·卡萨斯的告发

了解西班牙人在当地的暴行并向西班牙王室告发的是拉斯·卡萨斯（1474—1566年）。

拉斯·卡萨斯是基督教的传教士，1502年到达伊斯帕尼奥拉传教。他注意到了西班牙人在当地的暴行，并将实情告知西班牙国王，开始致力于改善当地状况和停止征服活动。

拉斯·卡萨斯在《关于印第安破坏情况的简报》中描述了西班牙人的残暴行为。例如，他是这样描述西班牙人在伊斯帕尼奥拉的行为的：

> 伊斯帕尼奥拉是基督徒进入印第安地区后首先抵达的地方，是给当地居民造成严重迫害的地方，也是给当地带来毁灭性破坏的地方。
>
> 在伊斯帕尼奥拉岛上，基督徒驱使印第安妇女和儿童当仆人，虐待他们。印第安人竭尽所能地拿出食物给基督徒们，但他们毫不满足。
>
> 基督徒对印第安人拳打脚踢，甚至用棍棒殴打。对村落的管理者也暴力相向。基督徒们骑上马、拿起枪，对印第安人进行了闻所未闻的虐杀。印第安人已经被这种残暴行为惊呆，血泪都已流尽的印第安人变成了疯狂的野兽。面对要将他们赶尽杀绝，堪称人类最大敌人的基督徒，还是有不少印第安人逃了出来。他们为了活命全都逃到了山上。但基督徒们为了抓住他们，训练出凶猛的猎犬，一旦

抓住一个印第安人，猎犬就会将他撕成碎片。

在少数情况下，印第安人基于正当的理由和神的正义，能够抓到几名基督徒。这又给了基督徒借口，印第安人杀掉一个基督徒，他们就要杀掉100名印第安人作为报复。

渡海而来，杀死当地居民、灭亡当地国家、掠夺当地财富的西班牙人，在当地人眼中，毫无疑问就是海盗。而且这可以说是人类历史上最大规模的、有组织的海盗行为。

财富争夺战

哥伦布发现新大陆后，新发现土地的归属权成了一个问题。

1493年，出身西班牙的罗马教皇亚历山大六世在大西洋上划分了西班牙和葡萄牙的势力范围。对此不满的葡萄牙于第二年和西班牙签订了《托尔德西利亚斯条约》。该条约规定，以西经46° 37′ 为界，东侧归葡萄牙，西侧归西班牙。在条约签订前葡萄牙人还没能到达美洲大陆，但条约签订后不久，葡萄牙人就将巴西并入了自己的殖民地。

正如前文所述，当初西班牙王室将对新大陆的探险、统治都交给了哥伦布、科尔特斯、皮萨罗等冒险家和征服者，但随着新大陆上的财富接二连三地被发现，西班牙王室开始直接管理这些殖民地。具体措施是将与殖民地的贸易港限定为塞维利亚一地，设立管理人员和货物出入的通商院，并由王室派遣的人从哥伦布、科尔特斯等殖民地总督手中夺走统治权。

西班牙自从在加勒比海的伊斯帕尼奥拉岛上发现了砂金以来，就开始开采金矿，结果1515年金矿便告枯竭。而其他加勒比海岛上的金矿产金量也都十分有限。

于是西班牙王室的注意力就从加勒比转向新财富源泉的中南美洲。征服者们从阿兹特克王国、印加帝国掠夺的财富已经被带回西班牙本国。1560年之后，又在秘鲁（现在的玻利维亚）发现了大量银矿。这些都为西班牙带来了空前的财富。

本来就处于对立状态的英格兰、法国、荷兰等国，对于通过《托尔德西利亚斯条约》划分世界、独占新大陆财富的西班牙十分憎恨。于是有一部分英格兰人、法国人、荷兰人开始觊觎西班牙从新大陆夺取的财富。

16世纪20年代，一艘西班牙船只满载着从阿兹特克王国夺取的财富，航行到大西洋的亚速尔群岛时被一群法国海盗袭击，船上的财宝以及船员悉数被劫。自此以后，将西班牙从新大陆掠夺的财富再掠夺来的海盗活动越来越猖獗。

针对这种情况，西班牙当局采取的措施是在运输船横渡大西洋时组成船队，派遣护卫舰警戒。每年两次，春季前往墨西哥的船队和夏季前往巴拿马海峡的船队离港，满载新大陆的财富于第二年 3 月在古巴哈瓦那集结，共同返航。但即使如此，西班牙从新大陆带来的巨大财富仍旧吸引着野心勃勃的海盗们。

这一时期，原本是小型帆船的卡瑞克帆船逐渐大型化，还出现了装备大量火炮的大型帆船——西班牙大帆船。西班牙大帆船不仅用作军舰，由于本身可以装备防卫用的大炮，因此也作为商船使用。这一时期的民用商船可以随时变身军舰或海盗船。

霍金斯的走私贸易

1562 年，英格兰人约翰 · 霍金斯（1532—1595 年）率领 3 艘船组成的船队从英格兰起航前往西非。霍金斯在西非从事奴隶贸易，他穿过大西洋前往加勒比海，挑战西班牙在新大陆的贸易垄断。

抵达伊斯帕尼奥拉的霍金斯以躲避台风为借口停靠在圣多明戈港，并在当地采购砂糖、牛皮等货物回国。这在当时就是走私贸易。他突然出现在西班牙垄断的海域，漂亮地干了一票后离开。

两年后霍金斯又经由西非出现在南美的委内瑞拉。当地的殖民当局已经接到了西班牙要求禁止与其他国家贸易的命令，但霍金斯仍然强行交易。这两次交易都给他带来了巨额利润。

西班牙王室通过本国大使向英格兰伊丽莎白女王（1558—1603 年在位）提出了抗议，要求禁止霍金斯再次出航。伊丽莎白女王表面上责备了霍金斯，但并未给予任何处罚。于是霍金斯在 1567 年再次带领着 6 艘船前往加勒比海。霍金斯的这次航行，伊丽莎白女王也是出资者之一。

霍金斯的船队在西非装载了 500 名黑人奴隶之后，向新大陆出发。他在西班牙人总督的眼皮底下，与南美洲的殖民者进行奴隶贸易。但在返航途中遭遇风暴，霍金斯的船队不得不停靠墨西哥的圣胡安港。当地的西班牙官员不知道这是一支英国船队，将霍金斯的船队迎入要塞，结果被霍金斯的部下占据了炮台。

但霍金斯的运气并不好。两天后，13 艘西班牙舰船出现在圣胡安，西班牙舰队中有前来赴任的墨西哥总督阿尔蒙萨。霍金斯与西班牙舰队达成交换人质、互不攻击的协议，放西班牙舰队入港，但入港后的西班牙人立即翻脸进攻霍金斯舰队。霍金斯虽然逃脱，但他的船队损失惨重。

在这次战斗中，除了霍金斯所在的米尼昂号之外，还有一艘朱迪斯号也成功逃脱。而朱迪斯号的船长就是后来名噪一时的海盗弗朗西斯·德雷克（约 1543—1596 年）。

德雷克的复仇

回到英格兰的德雷克发誓要报在圣胡安港的一箭之仇。他登上霍金斯给他的斯旺号驶向加勒比海，偷偷地从巴拿马地峡登陆，通过与逃亡的黑奴集团联系收集信息，并制订了一个十分大胆或者说是冒险的计划。

当时西班牙将从秘鲁等地掠夺的金银运回国的路线，是先通过海路将货物运到太平洋一侧的巴拿马城，再用骡马驮运穿过巴拿马地峡运到加勒比海边的农布雷－德迪奥斯等待海运回国。德雷克的目标就是集中在巴拿马地峡的西班牙财富。

1572 年 5 月，做好充足准备的德雷克率领两艘满载大炮和弹药的船只从英格兰的普利茅斯港出发前往巴拿马地峡。德雷克按计划袭击了农布雷－德迪奥斯，但遭到了西班牙守军的猛烈反击，德雷克本人也受了伤，只好暂时撤退。正面进攻不成的德雷克联合当地的逃亡奴隶和法国海盗，登岸潜入巴拿马地峡，决定在雨季结束后，袭击运送财货的骡马队。

1573 年 3 月，德雷克袭击了近 200 头骡马组成的运输队。由于事发突然，西班牙士兵四散奔逃，留下了约 30 吨的金银财物。德雷克一伙人带着这些财物登上了等待在加勒比海岸边的船只。由于财物数量巨大，他们将暂时运不走的财物埋藏在附近。8 月，德雷克带着两艘满载金银财物的船回到了普利茅斯港。整个英格兰都沸腾了。西班牙大使立即向伊丽莎白女王提出把德雷克交给西班牙或由英格兰判处他死刑。不过，德雷克一上岸就消失了踪影。另一种说法是伊丽莎白女王顾虑与西班牙的关系，因此将德雷克藏匿起来。

三年后的 1576 年，德雷克再次现身普利茅斯港。次年伊丽莎白女王秘密接见了他。德雷克不仅没有反省自己的抢掠行为，反而提出了一个更大胆的劫掠计划。那就是穿过南美大陆最南端的麦哲伦海峡，进入太平洋劫掠西班牙船队。其实德雷克早在巴拿马地峡侦查之时就将目光投向了太平洋。伊丽莎白女王成为德雷克这次远航的实际投资者之一。

德雷克的环球航行

1577 年 12 月，德雷克带领 5 艘船从普利茅斯出发。名义上他此次航行是要去埃及的亚历山大港从事地中海贸易，但真正的目的地当然是新大陆。

德雷克的船队经过西非的佛得角南下，然后向西用了 60 天左右的时间横渡大西洋，于 1578 年 4 月抵达南美的拉普拉塔河口。之后沿海岸线继续南下，8 月终于抵达麦哲伦海峡。

但就在此时，德雷克的船队遭遇到了猛烈的暴风雨，船体和桅杆均遭到重创，船队只剩下了两艘船。其中的玛丽格雷德号因为与德雷克所在的旗舰金鹿号失散，不得不放弃穿过麦哲伦海峡的计划，返航英格兰。

最终进入太平洋的就只有德雷克的旗舰金鹿号。由于暴风雨金鹿号没能穿过麦哲伦海峡，而是顺风南下，无意中发现了南美洲合恩角与南极洲大陆之间的海峡，这里至今仍被称为德雷克海峡。

金鹿号在绕过南美大陆最南端之后对船体进行了修缮，然

德雷克登陆加利福尼亚

后沿智利海岸北上。太平洋沿岸的港口守备薄弱，西班牙的运输船也没有想到会遇到劫掠，因此德雷克所到之处几乎没有遭遇像样的抵抗。他收获最大的一次是抢劫了卡卡弗戈号。当时卡卡弗戈号正从秘鲁的利马运送货物去巴拿马。这一次劫掠就让德雷克掳获黄金 80 磅，白银 26 吨，银币 13 箱，以及大量珍珠宝石。德雷克花了 6 天时间才将这些战利品转运到自己的船上。之后为了逃脱西班牙的追击，他经过中美洲一路北上，沿北美大陆的西海岸航行。1579 年 6 月，金鹿号抵达加利福尼亚湾。

按照当初的计划，金鹿号应该再次绕过南美大陆返航。但抵达加利福尼亚湾的金鹿号再次向西航行。德雷克要乘着信风横渡太平洋。

同年 10 月金鹿号抵达菲律宾群岛、11 月抵达有香料群岛之称的马鲁古群岛。在囤积了大量丁香后，金鹿号渡过印度洋、绕过好望角，沿非洲大陆航行。1580 年 9 月德雷克回到普利茅斯港。这一历时 2 年 9 个月的航行，是人类历史上继麦哲伦之后的第二次环球航行。

一返回普利茅斯，德雷克就给伊丽莎白女王送去了一封书信报告航行的情况。一方面女王是此次远航的出资者之一（虽然是匿名的），另一方面德雷克知道自己的劫掠行为惹恼了西班牙政府，需要靠女王平息。

德雷克获得了女王的接见。不仅如此，看到他带来的巨额财宝，女王十分高兴，对他这次远航的种种冒险经历也十分感兴趣，这次接见竟然长达 6 小时。

德雷克带回的财富确实是巨大的。经济学家约翰·梅纳德·凯恩斯指出，当时女王获得的分红，不仅足以偿还英格兰的外债，女王还用这笔钱成立了利凡特公司。后来又用利凡特公司的收益成立了东印度公司，因此可以说“（德雷克这次远航带来的收益）打下了英国对外投资的基础”。如此说来，是海盗建立了英国近代资本主义的基础。

后来伊丽莎白女王授予德雷克爵位。德雷克凭借自己的海盗行径成了骑士，后来还当上了普利茅斯市长。

当时的西班牙国王腓力二世为了报复英格兰的海盗行为，下令扣押停泊在西班牙港口的英格兰商船。至此，英格兰与西班牙的关系已经无法恢复了。

就在两国关系不断恶化时，德雷克抛下岸上的安定生活，再次率领船队前往加勒比海，在圣多明戈和卡塔赫纳一带大肆劫掠之后返回了普利茅斯。

至此，西班牙和英格兰终究难免一战。

与无敌舰队的对决

西班牙与英格兰的矛盾并不是单纯地争夺政治霸权。西班牙是一个天主教国家，而英格兰则是新教国家。两国在宗教上也是对立的。而德雷克本人就是一个虔诚的新教教徒，应该说宗教狂热在德雷克的身上也有所体现。

西班牙与英格兰两国矛盾日益尖锐的原因之一是荷兰发生的乌德勒支同盟事件。荷兰信奉新教的北部七省和南方部分城市成立了乌德勒支同盟，要求从西班牙独立出去。英格兰无疑是乌德勒支同盟的支持者。

最终激化两国矛盾的导火索是伊丽莎白女王处死苏格兰前女王玛丽一世之事。由于玛丽一世牵涉暗杀伊丽莎白女王，因此被判处斩首。这一事件也象征着天主教与新教之间的矛盾无法调和。

当时腓力二世统治下的西班牙刚刚在与奥斯曼帝国的勒班陀海战中取胜，并乘葡萄牙王位空缺之机吞并了葡萄牙，同时从新大陆源源不断运来的巨额财富让西班牙空前繁盛，被誉为“日不落帝国”。正处于发展顶峰的西班牙不惧与英格兰开战，腓力二世命令组建一支庞大的舰队。

这支舰队号称“无敌舰队”。但弗朗西斯·德雷克面对这支西班牙帝国引以为傲的舰队则毫无惧色。

1587 年 4 月，为了一探无敌舰队的虚实，德雷克获得伊丽莎白女王的同意，率领 23 艘战舰组成的舰队从普利茅斯港出发。他获得的情报说，无敌舰队正在西班牙南部的加的斯港集结，因此德雷克直奔加的斯港而去。

尽管当时西班牙的主力舰还没有进入港口，但德雷克的舰队还是袭击了港口中的商船，并劫掠一番。对于这次袭击，德雷克说“这不过是烧焦了西班牙国王的胡子而已”。

德雷克并未就此收手，他又驶往亚速尔群岛，劫掠了西班牙国王腓力二世的大型运输船圣菲利普号，这艘船正在从印度运送香料和纺织品回国途中。德雷克再次带着巨大的收获返回了普利茅斯。由于德雷克的行动，西班牙与英格兰的战争实质上已经开始了。

1588 年 4 月下旬，由于德雷克的进攻一度耽误的无敌舰队准备工作终于完成了。舰队离开里斯本港，目标直指英格兰。无敌舰队由 130 艘舰船，约 3 万人组成。规模庞大，行动自然也较迟缓，一直到当年 7 月中旬，才抵达英吉利海峡。

在普利茅斯港，包括德雷克在内的英格兰海军早已严阵以待。无敌舰队方面则按照腓力二世的命令，为了接应从陆路登船的帕尔马公爵的军队，改为向东航行。7 月 27 日，无敌舰队抵达多佛海峡法国一侧的加来湾。

翌日，英格兰舰队发动了进攻。当天海上刮起强风，且英格兰舰队处于上风位置，因此英格兰舰队果断采取火攻。他们准备了8艘大型战舰作为火船，冲向停泊在加来湾的西班牙舰队。

火攻取得了很好的效果。西班牙舰队陷入混乱，纷纷起锚逃走。德雷克趁机带领战船四处出击。此次战斗无敌舰队损失惨重，130 艘舰船只有约半数得以返航。无敌舰队的这次败仗也是西班牙帝国衰落的开始。

为了彻底消灭无敌舰队，1589 年德雷克再次带领船队出海远征里斯本。这次远征虽然以失败告终，但他还是着手准备再次出征加勒比海。

1595 年 8 月，德雷克与霍金斯一起从普利茅斯出发，向加勒比海驶去。但时代在不断进步，情况也发生了变化，深受海盗之害的西班牙在其殖民地的各个主要港口修筑要塞，加强了防卫。

11 月，霍金斯病死在波多黎各的圣胡安湾。德雷克放弃进攻圣胡安港，转而前往曾带给他无上荣光的巴拿马地峡。但由于西班牙军队得到了墨西哥援军的支援，德雷克被迫撤退。1596 年 1 月，德雷克因败血症病死在巴拿马的波托韦洛港。他的遗体被放入铅棺，沉入加勒比海。

德雷克是 16 世纪英格兰的著名海盗，时至今日也是英格兰的英雄人物。今天，在普利茅斯的公园里，我们还能看到德雷克的塑像以勇敢无畏的姿势眺望着大海。

加勒比海盗——巴卡尼亚

加勒比海的岛屿最初都是由西班牙人占领的，但 16 世纪后期到 17 世纪，不断有其他国家进入加勒比海。尤其是加勒比海东部的小安的列斯群岛，由于没有金矿，当初西班牙人的殖民开发也十分有限，实质上处于放任不管的状况。因此英格兰、法国、荷兰等国便开始占领这些岛屿。今天的小安的列斯群岛仍是英属、法属或荷属便是当时形成的。

加勒比海西部包括伊斯帕尼奥拉岛在内的大安的列斯群岛，早在 16 世纪上半叶的淘金热过后便逐渐衰败，那时经济活动的中心已转移到美洲大陆。

当初在伊斯帕尼奥拉岛上还出产过砂糖和牛皮，但 16 世

加勒比海盗

纪后期，由于巴西开始大规模生产砂糖，伊斯帕尼奥拉岛的砂糖产业也逐渐没落。另外，由于西班牙商船归国的航线也逐渐固定为从古巴的哈瓦那集中后航行回西班牙，伊斯帕尼奥拉岛作为停留港的作用也消失了。不论是战略地位还是经济地位，伊斯帕尼奥拉岛已经失去开发价值。仅仅在圣多明戈一地修筑要塞，保护周边地区就已经让西班牙耗尽了全力。

就在此时，法国人开始进入伊斯帕尼奥拉岛西部。他们猎取野生的猪、牛，腌制成熏肉，再用船运走卖掉以为生计。在当地熏肉用的木架子被称为“bucan”，因此他们这些人就被叫作“buccaneer”（英语，“卖肉干的人”之意，亦表示“海盗”）。后来他们开始出海袭击劫掠西班牙商船，成了海盗，因此这一时期加勒比的海盗就被称为“巴卡尼亚海盗”。

严格来说这一时期的海盗行为可以分成两种——海盗和私掠。私掠从狭义上说就是获得由国王颁发的私掠许可证，可以对交战国的领地和船舶货物进行劫掠的行为。这种私掠行为其实是战争行为的一种。

但事实上，海盗行为和私掠行为之间的界限是十分模糊的。比如德雷克就是获得了伊丽莎白女王的支持和批准对西班牙船只展开了私掠。但由于他没有正式的私掠许可证，因此很难界定他的行为是否属于私掠。但如果不局限于私掠许可证的有无，而是根据是否取得了国家实际支持和批准这个角度看的话，德雷克的行为是一种国家认可的劫掠，因此也是私掠。

当然不管是私掠还是海盗，其本质都是劫掠，这一点毫无疑问。私掠的说法不过是想给海盗行为一个貌似正当的借口。对巴卡尼亚海盗来说，他们私掠的目的主要是抢夺财富，至于这也算是与西班牙之间的战争行为这层意思，无关紧要。

与西班牙处于敌对状态的英格兰、法国、荷兰对巴卡尼亚海盗抢劫西班牙商船的私掠行为睁一只眼闭一只眼，甚至还会不时给予奖励。对这些国家来说，西班牙垄断了新大陆的财富，而私掠行为对西班牙的打击和损害正是他们乐于看到的。于是，加勒比海上的海盗行为越来越猖獗。

加勒比海上有若干个巴卡尼亚海盗的基地，其中之一就是伊斯帕尼奥拉岛西北海湾中的托尔蒂岛。托尔蒂岛上聚集了各国海盗，包括法国人、英格兰人和荷兰人等。他们聚集在此不断袭击西班牙船只。

终于，1635 年，西班牙军队进攻托尔蒂岛，被抓获的巴卡尼亚海盗全部被处以绞刑。但这非但没有消灭海盗，反而激起了巴卡尼亚海盗的憎恨，海盗行为愈发猖獗。后来，法国人夺回了托尔蒂岛，这里再次成为巴卡尼亚海盗们的基地。

巴卡尼亚海盗中的英格兰人将尼加拉瓜东部海湾的普罗维登西亚莱斯岛——他们称为“普罗维”——作为自己的基地。1641 年，该岛被西班牙军队占领后，他们又在巴哈马群岛重新建立基地，称为“新普罗维登斯”。

1655 年，英格兰的护国公克伦威尔在对西班牙的战争中派遣舰队出征加勒比海。原本英格兰舰队计划进攻圣多明戈，但由于航行陷入困境，因此转而进攻西班牙防守薄弱的牙买加，并占领了牙买加。

之后英格兰在牙买加设立总督府，总督为了岛上的防卫和发展，颁发了私掠许可证。结果，大批巴卡尼亚海盗聚集在牙买加。岛上南部建起的皇家港，也成了巴卡尼亚海盗的一大基地。

摩根的劫掠

这一时期巴卡尼亚海盗中最著名的要属亨利·摩根（1635—1688 年）。

曾经乘坐过摩根船队船只的荷兰人约翰·埃斯奎默林在《美洲的巴卡尼亚》中写过，亨利·摩根出生在威尔士，年轻时去过加勒比的巴巴多斯岛，并在此服役 5 年。之后前往牙买加加入了巴卡尼亚海盗。后来摩根有了自己的船，他袭击了位于尼加拉瓜的格拉纳达和普罗维登附近的圣卡塔利娜岛，并不断抢劫西班牙船。

在牙买加的皇家港，摩根的大名无人不知。牙买加总督任命他为私掠船队的最高指挥官。如前所述，此时牙买加总督已经开始发放私掠许可证。

大批巴卡尼亚海盗从加勒比海各处集中到摩根这个私掠船队指挥官身边。1668 年，摩根带着 9 艘船离开皇家港，船队中共有 460 名巴卡尼亚海盗。

摩根选择的目标是巴拿马的波托韦洛。当时，位于巴拿马地峡加勒比海一侧的波托韦洛取代了农布雷 – 德迪奥斯，成为中南美洲的财富运往西班牙的集结地。对西班牙来说也是最重要的港口。

摩根对他的巴卡尼亚海盗们说："我们的兵力的确不足，但我们的士气高。我们的同伴越少就越团结，每个人分到的也会越多。"经过他的一番鼓舞士气的讲话，巴卡尼亚海盗们一致同意进攻波托韦洛。

摩根的船队在波托韦洛湾抛锚，为了达到奇袭的目的他们换成小船靠近港口。途中还抓获了一名担任警戒的西班牙士兵，问出了西班牙的防守情况。在港口入口处的圣哲罗姆要塞，摩根率领的海盗与西班牙守军之间爆发了激烈的战斗。结果是海盗们将守军与要塞一起炸毁。

摩根进攻波托韦洛城

波托韦洛城中的居民得知海盗来袭，纷纷将家中的宝石、现金等贵重物品藏在墙壁、水井和地下室里。城中的圣地亚哥·德拉格洛里亚要塞的守军向海盗们猛烈开火。摩根占据了城中的修道院，把修道士和修女们抓起来，以他们作为人盾攻城。

经过激烈的战斗，海盗们通过云梯进攻波托韦洛城进入要塞。守军投降，波托韦洛城落入海盗之手。

之后海盗们在波托韦洛城里整整洗劫了 15 天。他们抓住市民严刑拷打，只是为了找出他们藏起来的财物，有些人被活活打死。

巴拿马总督接到波托韦洛遇袭的消息，派去了援军，但得知这一消息的摩根在巴拿马地峡伏击了西班牙军队。不仅如此，他们还向巴拿马总督索要赎金，否则就不释放波托韦洛城中的居民。在巴拿马总督付出了 10 万比索之后，摩根才从容地离开了波托韦洛。

摩根在古巴湾的小岛上将战利品分给海盗们，然后回到了皇家港。但据埃斯奎默林的记录，海盗们转眼就在酒吧和女人身上把分到的钱花得一干二净。

同年年底海盗们又在摩根的召集下出海了。这次的船队有

15 艘船、960 人。不过他们刚到伊斯帕尼奥拉岛就遇到了逆风，有 7 艘船掉了队，最终只有 8 艘船、不足 500 人出发了。

这次，摩根的目标是委内瑞拉。

他们抵达委内瑞拉湾之后便袭击了马拉开波湖畔的城市。并以此为据点，抢劫了周边的富裕地区。抢劫整整历时 5 周，在这 5 周里，西班牙舰队在委内瑞拉湾的入口处集结，等待摩根的船队，但摩根佯装进攻岸上的要塞，吸引西班牙舰队的注意，自己却趁机逃到了海上，并带着大量的财富和奴隶返回了皇家港。

远征巴拿马

对于摩根肆无忌惮的劫掠行为，西班牙向英格兰提出了抗议。当时英格兰和苏格兰的国王查理二世（1661—1685 年在位）向西班牙辩称自己对摩根的海盗行为并不知情。不过在英国资产阶级革命中，查理二世曾流亡欧洲大陆，也曾经是天主教的拥护者，因此他无法完全无视西班牙的抗议。结果，摩根被解除了皇家港私掠船队指挥官的职务。

西班牙与英格兰围绕着加勒比海问题进行了一系列外交协商。英格兰提出，以自己停止在加勒比海的私掠行为为条件，

摩根攻击巴拿马

要求西班牙承认英格兰对牙买加和圣克里斯托弗岛的领属权。西班牙断然拒绝。

同时在皇家港上，西班牙舰队即将进攻牙买加的传言甚嚣尘上。1670年，牙买加总督莫迪梵多自行再次任命摩根为指挥官。摩根一上任就立即着手组建船队。

巴卡尼亚海盗们再次聚集起来，摩根的船队有36艘船，

1800余人。这支船队是巴卡尼亚海盗有史以来规模最大的一次，堪称海盗舰队。

对于这支庞大舰队的远征目的地，摩根有一个出乎所有人意料的大胆计划。他要进攻太平洋沿岸的巴拿马城。巴拿马城集中了中南美的财富，如果攻下巴拿马城，那将是对西班牙在美洲势力的致命打击。

摩根给每条船的船长颁发了自己发行的私掠许可证。船队从皇家港出发，不过并非直接驶向巴拿马城，而是先向尼加拉瓜东部海湾的圣卡塔利娜岛驶去。

作为前往美洲大陆的中继站，圣卡塔利娜岛具有重要战略意义。英格兰和西班牙围绕着该岛的争夺从没有停止过。不过，当摩根船队近1000人登岸之后，西班牙守军竟然不战而降。于是摩根在进攻巴拿马城之前便确保了自己的后方补给站。

摩根坐镇圣卡塔利娜岛，派先头部队前往巴拿马地峡查格雷斯河口的圣洛伦索要塞。当收到成功拿下圣洛伦索要塞的战报后，摩根才带着大部队向巴拿马城进发。

1671年1月，摩根率领约1200人的军队乘坐小船或独木舟，从查格雷斯河逆流而上，穿过巴拿马地峡。途中摩根的军队受到了印第安人的袭击，终于在第九日，太平洋出现在摩根的面前。

翌日，摩根的军队排成队列，敲响战鼓，向着巴拿马城进发。巴拿马总督指挥的西班牙守军也摆出战斗队形。双方同时开始射击。

经过两个多小时的战斗，西班牙守军被摩根的军队击溃，守军战死600余人，负伤、被俘无数。摩根军队一步步逼近巴拿马城。西班牙守军终不敌海盗们的猛烈炮火，经过3小时的激战，巴拿马城破。

巴拿马城建立于1519年，是太平洋沿岸第一个西班牙殖民地，从建城起从未遭受过劫掠。城中集中了无数从中南美洲各地搜罗来的金银财宝，经济高度发达。拥有7所修道院、1所寺院和2所教堂，均有着无数金银制的精美祭坛和家具。还有2000余所富商宅邸，5000余所普通民居，另有大量的商店、仓库。

摩根破城之后，在城内到处放火，整个巴拿马城瞬间就被烈焰包围。据埃斯奎默林说，火是摩根授意放的，不过摩根自己却说是城内的西班牙人放的。在西班牙方面的报告中，也写着是巴拿马城的市民自己放的火。

不论是谁纵的火，总之繁盛一时的巴拿马城在被摩根攻破后，就成了一片废墟。这对西班牙来说是巨大的打击，当然这本就是摩根此行的目的之一。

摩根在巴拿马城停留了 3 周。2 月底，他将抢夺的财物装在 175 头骡马上，押着 600 名俘虏离开了巴拿马城。大军原路返回，不久便抵达了加勒比岸边查格雷斯河口的堡垒。

这次远征虽然大获全胜，但由于参与人数众多，相对而言战利品却并不丰厚。一方面固然是因为城中大火使得财物受损，另一方面也有很多巴拿马城的居民在摩根大军抵达之前便带着所有财物逃走了。

巴卡尼亚海盗中的不满情绪日益高涨。察觉到危险的摩根，刚一抵达查格雷斯河口，便悄悄带着 500 名心腹，乘着三四艘船返回了皇家港。

被留在巴拿马地峡的多是巴卡尼亚海盗中的法国人。由于摩根离开时没有留下任何食物，因此这些法国海盗无法立即开船追赶摩根。之后，这些海盗们依然没有得到食物，穷途末路之际，有些历尽千辛万苦返回了托尔蒂岛或皇家港，有些则殒命当地。

就任牙买加副总督

摩根虽然回到了皇家港，但等待着他的却并非好消息。

就在摩根进攻巴拿马城时,英格兰已经与西班牙签订了《马德里条约》(1670 年)。《马德里条约》中,西班牙承认了英格兰对牙买加的领属权,而英格兰则承诺停止对西班牙船只的劫掠行为。

虽然在摩根进攻巴拿马城时条约内容还未能传达给他,但他作为私掠船队的指挥官,带领海盗们劫掠了西班牙最重要的殖民地——巴拿马城,并将其变为一片废墟。自作主张任命摩根为私掠船队指挥官的牙买加总督莫迪梵多被召回国,关进伦敦塔。摩根也被召回伦敦。

虽然在西班牙的强烈抗议下,摩根被召回了伦敦,但和当年的德雷克一样,勇敢地挑战了西班牙对殖民地垄断霸权的摩根,受到了英格兰民众英雄般的礼遇。

最终,摩根不仅没有因劫掠行为受到指责,反而被国王授予爵位,并被任命为牙买加副总督。

1676 年 4 月,意气风发的摩根以牙买加副总督的身份回到皇家港。但具有讽刺意味的是,作为副总督,摩根的职责是依据与西班牙的条约,剿灭海盗。

从私掠船队的指挥官摇身一变成为剿灭海盗的副总督,摩根雷厉风行地履行了他的义务。他贴出布告,凡是在 3 个月内放弃海盗营生的人，可以分得土地，而继续当海盗则会被处以绞刑。同时严格管理皇家港的入港船舶。

由于英格兰政策的改变以及摩根的大力取缔，巴卡尼亚海盗们被赶出皇家港，纷纷流落到托尔蒂岛。曾经作为海盗基地的皇家港的繁荣也终结在摩根——曾经的私掠船队指挥官、也是海盗首领——的手中。

后来，摩根卷入政治斗争，于 1683 年被免职。晚年的摩根只是一个牙买加的农场主。1688 年，摩根在牙买加去世。牙买加倾全岛之力为他举行了葬礼。

四年后的 1692 年，牙买加岛发生大地震，皇家港被海啸摧毁。17 世纪作为海盗基地繁盛一时的皇家港，像泡沫一样消失得无影无踪。

基德的发迹

与出身巴卡尼亚海盗、后来成为私掠船队指挥官、牙买加副总督、获得骑士爵位的摩根相比，基德船长，或者说威廉·基德（约 1645—1701 年）的结局是悲惨的。

17 世纪 40 年代，基德出生在苏格兰一个小港口的牧师家庭。他的父亲是卡尔文教派的牧师。也许是受到查理二世王政复辟对新教的打压，基德一家移居英格兰在北美的殖民地。

1651 年《航海条例》颁布后，重商主义的英格兰不允许其他国家的船只进入其北美殖民地从事贸易。因此，北美殖民地出现了物资匮乏、物价高涨的情况，走私贸易自然屡禁不绝，这也包含了部分海盗销赃的交易。基德就是在这种交易中大获成功的商人之一，他已经在纽约拥有了好几艘自己的船。

1670 年《马德里条约》签订后，英格兰着手剿灭巴卡尼亚海盗，但这一方针很快发生了变化。1688 年，意图争夺欧洲霸权的法国与欧洲其他盟国之间爆发了战争。

英格兰与法国的战争也波及英格兰的北美殖民地。战争伊始，为了加强海军力量，两国重新放开了对私掠行为的限制。

法国的私掠船不断袭击英格兰船只和英格兰在北美的殖民地。于是英格兰也颁发私掠许可证，鼓励私掠船对法国船只的劫掠行为。基德就是当时出海的私掠船船长之一。

1690 年，基德在加勒比海袭击了两艘法国的私掠船。但为了修理自己的船，基德在小安的列斯群岛的安提瓜岛停靠时，船上的航海士罗伯特·库利福德唆使船员偷走了基德的船。库利福德不仅仅满足于劫掠法国船，他还认为完完全全从事海盗行为才能获得更大的收益，因此抢夺基德的船，成了彻头彻尾的海盗。

当然，基德后来还是继续从事对法国船的私掠活动，由于他在对法国船只的私掠行动中表现出色，还获得了纽约殖民地议会的表彰。但基德始终没有成为海盗，仅仅是私掠船长。

17世纪后期，巴卡尼亚海盗们的活动区域不仅是加勒比海，也延伸到了印度洋。印度洋上除了莫卧儿帝国的商船，还有英

在纽约时的基德船长

格兰、法国、荷兰的东印度公司。海盗们自然将这些商船作为劫掠目标。在《马德里条约》签订后，对西班牙船只的劫掠被禁止，不少巴卡尼亚海盗转向了印度洋，他们在印度洋和加勒比海，以及印度洋和北美大陆之间干着自己的老行当。

在莫卧儿帝国和东印度公司的请求下，英格兰决定剿灭印度洋上的海盗。但由于当时英格兰还在和法国打仗，海军派不出更多的兵力，清剿海盗的事只能委托私掠船。被选中干这件事的正是基德。

英格兰政界的实力派人物波托韦洛蒙特伯爵出面邀请基德。在波托韦洛蒙特伯爵的呼吁下，基德得到不少政界、财界的出资支持，也获得了国王颁发的私掠许可证。私掠船船长基德一切准备就绪。

1696 年 2 月，基德带着 150 名船员，乘坐冒险号从泰晤士河畔的德特福德出发了。

可是基德出师不利。刚出港，就在泰晤士河口被英格兰海军拦下，半数船员被海军强制招募。

终于开始在大西洋上航行的基德在近两个月的时间里也未能遇到一条像样的法国船或海盗船。于是基德返回纽约补充船员。但由于正逢战争时期，船员不足，基德在纽约招募到的 70

余名船员中，多数都出身自巴卡尼亚海盗。总之，当年 9 月，基德再次出发了。

基德的航行是私掠行为，抢不到财物，船员自然就没有收入。后来正是这一点导致了基德的悲剧。

从私掠到海盗

基德的冒险号驶向印度洋，不久抵达海盗基地之一的科摩罗群岛。但在附近海域搜寻却未遇到任何海盗。就这样过去了 10 个月。没有遇到敌船就意味着船员没有任何报酬。

以从纽约招募的船员为首，大家对船长基德的不满与日俱增。此时的基德船长也下定了某种决心，带领船员们沿印度洋北上，前往红海。

红海是连接印度洋和地中海的重要航道，有大量阿拉伯商船和印度莫卧儿帝国的商船往来。冒险号停泊在红海入口处的岛屿后面。

基德的目标是红海上往来的阿拉伯商船。这明显已超出了基德被授予的私掠许可证的范围。但此时船员的不满已经达到了顶点，基德只好安慰自己劫掠异教徒的船应该会被宽恕。

不过此时的阿拉伯商船为了防备不时出没的海盗，雇用了英格兰、法国及荷兰的舰船护卫。

基德的船就遇到了这样一个阿拉伯商船队。他下令开炮，可遭到了护卫的英格兰舰船的反击。基德不是对手，只好逃走。

虽然这次劫掠没有成功，但却让基德迈出了重要的一步。在此之前他一直谨守私掠的底线，不肯做毫无顾忌的海盗。在此之后，基德开始在印度洋西部海域接二连三地开展海盗活动。

只不过基德一直都确信自己的行为是正当的。他一看到有商船驶来，就让人在冒险号上挂起法国的国旗接近对方。商船船长以为冒险号是法国的私掠船，于是拿出法国颁发的通行证，此时基德才突然发难，亮明自己的身份，让手下劫船。

1699 年 1 月，基德用同样的方法袭击了一艘亚美尼亚商船——奎达商人号。该船搭载的是中国的丝织品，这是基德此次远征中最丰厚的战利品。奎达商人号的船长是英格兰人，虽然持有的是法国颁发的通行证，但对基德来说，抢劫亚美尼亚商船本来就和他得到的私掠许可证没什么关系，于是得手后的基德逃走了。

基德向西航行，抵达马达加斯加的圣玛丽港。这也是一个出名的海盗聚集地。在圣玛丽港，基德遇到一个意料之外的人——曾经在加勒比海抢走了基德船的库利福德。库利福德从加勒比海到了印度洋，在东印度公司当上船长，又挟船潜逃，再次干起海盗的营生。

在后来的法庭调查中，基德做证说当时他想抓住库利福德和他的船，但被自己船上的船员出卖。但也有人做证说，当时同为海盗的两人见面十分友好。

基德在圣玛丽港停留了近一个月，之后踏上了返回纽约的归途。1699 年 4 月，他抵达加勒比海的安圭拉岛。

在安圭拉岛上，基德获知了一个消息让他大受打击——英格兰国王宣布他为海盗，并下令逮捕他。

基德袭击奎达商人号的报告已经送达伦敦，原本派出剿灭海盗的舰船竟然摇身一变自己成了海盗，这已经成了政界的丑闻。

英格兰和法国的战争，也早在基德袭击奎达商人号的一年半之前即 1697 年 9 月结束。但基德本人一直不知，授予他的对法国商船的私掠许可证自然也无效了。英格兰国王威廉三世向印度洋派出舰队抓捕已经成为海盗的基德。

也许是深信自己的清白，基德前往北美殖民地的波士顿，与在波士顿当总督的波托韦洛蒙特伯爵会面。结果，基德被当即逮捕，送往伦敦。

1701 年，基德在伦敦庶民院被审问，后来由伦敦中央刑事法院开庭审判。

基德的直接罪名是在航行中因为一些小事杀害船员，因此被判处死刑。判决下达后不到一个月，基德就在他 5 年前出海的泰晤士河畔的刑场，被执行了绞刑。基德的尸身被涂上柏油，

被处以绞刑的基德

悬挂于泰晤士河河畔数年之久，以震慑其他的海盗。

一直有传说基德在波士顿被逮捕前，已将自己的财宝藏匿起来。后来依据基德在法庭上的证言被找了出来，只是与他劫掠所得相比，数量太少。于是人们推测他还有大量财宝藏匿在别处。因此海盗基德的宝藏就成了一个传说一直流传下来。后来，史蒂文森的《金银岛》、爱伦·坡的《金甲虫》都是根据这个传说创作的。

威斯特伐利亚体制的建立

摩根、基德生活的 17 世纪，正是国际局势的转换期。

始于 1618 年的“三十年战争”，发端于神圣罗马帝国内部天主教和新教的宗教战争，最终发展成席卷欧洲各国的一场大战，牺牲者达数百万人。三十年战争以 1648 年的《威斯特伐利亚和约》的签订为标志宣告结束。三十年战争后的国际政治体制也被称为“威斯特伐利亚体制”。其最大特征是主权国家体制的实行。

所谓主权国家体制，是指各国不受罗马教皇、神圣罗马帝国皇帝的统治，在本国内独立行使主权的政治体制。法国的让·博丹提出“君权神授”说，认为各国的国王受命于神，将国王的绝对统治权正当化。

17 世纪的英格兰思想家托马斯·霍布斯虽然没有提出“君权神授”这样凭借神的权威强化君权的学说，但提出了社会契约论来说明主权国家体制。

霍布斯认为，在国家出现之前属于“自然状态”，在这种状态下，人们必然会陷入“所有人对所有人的战争”，会陷入生命受到威胁的状态。于是人们只能优先考虑保障自己的生存，与当权者进行“社会契约”的交易，将自己的权利让渡给当权者，换取自己的生命安全得到保障。

反过来说，当权者承诺保证人民的生存，则可以合法地在国家内部实施暴力垄断，并行使权力。如果国王是当权者，那霍布斯的理论就是绝对君权的政治主张，如果议会是当权者，则他的理论可以看作是近代民主主义国家的思想。

但不论是“君权神授”还是“社会契约”，在主权国家体制这一点上，都是主张国家暴力垄断的正当性的。实际上在 17 世纪以后，原来封建体制下被贵族和雇佣兵体系分散的兵力，逐渐被收拢到绝对君权或共和体制下的国家军队中去。

从海军体制来看，英格兰在 17 世纪后期的共和政体时期和之后的王政复辟时期，都在推进英格兰海军的整编。在法国，同一时期的路易十四统治时期，海军的军力也得到了加强。虽然从 17 世纪到 18 世纪，为了弥补军队战斗力的不足，各国政府承认了私掠行为，但随着军力的加强，各国对私掠船的依赖程度也在逐步削弱。

关于海权的争论

随着主权国家体制的建立，这一时期围绕着海洋的种种规范也在不断变化。

高林秀雄在《领海制度的研究》一书中写道，在中世纪之前，海洋并非某国或某人的所有物，无法垄断海洋。当然也有例外，比如威尼斯对亚得里亚海、热那亚对利古里亚海，这些意大利的沿海城市宣称对近海有领属权。但海洋上发生的决定性的变化，则是 1494 年签订的《托尔德西利亚斯条约》。

《托尔德西利亚斯条约》是西班牙和葡萄牙分割大西洋的条约。继该条约之后，两国又在 1529 年签订了《萨拉戈萨条约》，划定了两国在亚洲的势力范围。这两个条约使得两国实现了对海洋的垄断。英格兰、荷兰、法国等国则一直致力于对抗西、葡两国并打破它们对海洋的垄断。

对于西班牙的垄断海洋政策，天主教神学家弗朗西斯科·德·比托里亚在1539年萨拉曼卡大学的演讲中，提出了“海洋自由”的观点，但他又提出只要有利于传道，可以承认西班牙对布道、通商的垄断。这其实是为承认西班牙的海洋垄断政策留下的借口。

荷兰法学家胡果·格劳秀斯就尖锐地批评过各国对海洋的分割与领属权划分。格劳秀斯在1609年的《海上自由论》和1625年的《战争与和平法》中，提出海洋与陆地不同，海上没有边境线，海洋过于宽广也无法实行切实有效的统治，海洋是所有人共有的。基于此，他认为参照自然法，海洋不应由某国占领，而应向所有人开放。

英格兰法学家约翰·塞尔登在1635年的《海洋封闭论》中批判了格劳秀斯的观点。塞尔登认为，海上可以依据沿岸地形确定边界；虽然对海上的有效控制有困难，但对沿岸海湾可以进行有效控制；海上可以开展渔业捕捞和通商，但也并非资源无限，并不存在妨碍海洋主权的自然法或万民法。他主张海洋主权。

针对格劳秀斯和塞尔登围绕着海权的争论，同一时代的德国法学家普芬道夫的观点是区分沿岸海域与外海，承认对沿岸海域的主权。普芬道夫的观点，为后来基于领海与公海的海洋法打下了基础。承认主权国家对领海的主权，也就是确立了在公海的航行自由。

前文提到，1670 年，英格兰通过《马德里条约》从西班牙获得了牙买加岛的主权，法国也在 1697 年通过《里斯维克和约》确定了伊斯帕尼奥拉岛西部三分之一的主权。17 世纪后期以来，英格兰、法国在加勒比海、北美殖民地大力推动贸易并建立种植园。

对于致力于上述商业活动的英格兰和法国来说，不断从事海上和沿岸地区劫掠的海盗，已经成为一种妨碍。于是 17 世纪后半期开始，两国改变了对海盗的纵容政策，加强了镇压。

1699 年英格兰制定了《海盗法》，同意由殖民地法庭开展对海盗的审判与处罚。在此之前实际处于无人监管状态的海盗，开始逐渐成为各国政府镇压的对象。

17 世纪后期，海上划定出公海海域，海盗行为妨碍到公海中的正常航行和商业活动，因此也成为法律惩处且必须消灭的对象。前文提到的对基德的处决，就是当时时代变化的象征性事件之一。

罗杰斯的环球航行

1700 年 11 月，西班牙国王卡洛斯二世去世，法王路易十四的孙子、有西班牙王室血统的菲利普即位西班牙国王，称为腓力五世。担心法国势力扩张的英格兰、奥地利、荷兰等国不承认腓力五世继位的合法性，于是与法国之间爆发了战争。即所谓的“西班牙王位继承战争”。

1707 年英格兰与苏格兰合并，成为联合王国（下文称英国）。英国在与法国的战争中再次开禁海上私掠船。出生在布里斯托尔一个水手家庭的伍兹·罗杰斯（约 1679—1732 年）作为一名私掠船船长在这场战争中大显身手。

1708 年 8 月，罗杰斯以筹得的投资作为本钱，驾驶着公爵号和另一艘船从布里斯托尔出发。罗杰斯的船队在加那利群岛抢劫了一艘西班牙商船，之后渡过大西洋抵达南美海岸，绕过南美大陆最南端的合恩角，进入太平洋。

罗杰斯的船队在智利的胡安·费尔南德斯群岛发现了被独自留在岛上的苏格兰人亚历山大·塞尔柯克并救出了他。塞尔柯克曾经是一名船员，由于和船长发生了争执，被遗弃在岛上长达4年4个月。塞尔柯克独自一人，不论是住处还是衣服都靠自己想办法，最终生存了下来。罗杰斯结束环球航行回国后出版的《世界巡航记》中详细描写了塞尔柯克独自在荒岛生存的经历。作家丹尼尔·笛福从中受到启发，创作了小说《鲁滨孙漂流记》。

进入太平洋的罗杰斯船队，在秘鲁海域发现了一艘西班牙船并劫掠一番。罗杰斯在太平洋上继续搜寻，在关岛遭遇一艘西班牙大帆船，双方发生了冲突。罗杰斯下颚受伤，但还是成功拿下了这艘船。之后罗杰斯穿过印度洋、绕过好望角，于1711年10月回到英国。罗杰斯不仅带回大量财富，还有他的传奇冒险经历，这些都让他成为英国的英雄人物。

站在法国和西班牙的角度看，罗杰斯的航行无疑就是一场海盗活动。不过罗杰斯本人认为自己的这次远航是一次正当的投资活动，且兼有为自己祖国而战的意味。

罗杰斯对于巴卡尼亚海盗有下述毫不留情的描述。

他们（巴卡尼亚海盗）的生活没有任何约束，任何财物一到手就马上花光。钱也好酒也罢总是要赌到一文不名才罢手。喝酒也非要喝得酩酊大醉。喝多了打起来，就再也不分什么船长、水手。换句话说，所谓高级船员的权力不过是根据一部分人的好恶临时授予的，弄得不好，不知什么时候就会被同一群人剥夺了。这些人也做不了任何像样的工作。虽然许多巴卡尼亚海盗在自己的母国被看作勇士，但据我所知，他们既没有真正的勇气，也没有什么深谋远虑。

（罗杰斯《世界巡航记》）

在罗杰斯看来，劫掠行为是英国对法国和西班牙战争的一部分，具有合法性和秩序性，与巴卡尼亚海盗无法无天没有任何约束的海盗行为是有明确区别的。后文可以看到，正是罗杰斯挑起了与巴卡尼亚海盗的毫不留情的战斗。

“海盗共和国”

1713 年《乌德勒支和约》签订，西班牙王位继承战争结束。根据《乌德勒支和约》，英国从法国取得了哈德逊湾、纽芬兰等北美属地，也获得了在西班牙殖民地贸易中的最惠国待遇。

在战争中以私掠名义进行劫掠的巴卡尼亚海盗，在战争结束后以巴哈马的新普罗维登斯岛为基地，继续劫掠活动。但这已经不再是私掠，而是地地道道的海盗行为了。

新普罗维登斯岛是英国属地，在战争中由于法国和西班牙的进攻荒废了。于是巴卡尼亚海盗们乘虚而入。海湾深处港口的入口处有一个沙洲，大型船只无法进入，这正好适合作为海盗们的根据地。

新普罗维登斯岛聚集了大批海盗，包括黑胡子蒂奇等加勒比海盗。他们不仅抢劫西班牙船，也抢英国船。新普罗维登斯岛的城镇因聚集了大量为倒卖赃物而来的商人而日渐繁华，充满活力。

有意思的是，从上文罗杰斯对巴卡尼亚海盗的描述中也可以看出，海盗的社会既有原始的一面，也有民主的一面。

比如，船长和航海长等职位，与身份地位无关，由船员投票决定。船上的规则和各自分赃的份额也是事先决定的，比较公平。在后文将要提到的海盗巴沙罗缪·罗伯茨的船上，就有这样的“船规”：

1. 每个船员都有权参与重大问题的决策，大家集体投票决定，每人一票。

2. 每个船员都应当以预先决定的次序被叫到被抢船只的甲板上去。

3. 严禁用纸牌、骰子赌钱。

4. 8点熄灯。熄灯后饮酒需在露天甲板进行。

5. 大炮、手枪、马刀要勤于保养，保证能够随时使用。

6. 禁止带女人、孩子上船。诱骗女性、将女性乔装后带上船者会被处死。

7. 战斗中弃船、擅离岗位者要被处死或被抛到一个无人居住的岛上去。

8. 船上禁止打架。有纷争者可在岸上用剑或手枪解决。

9. 在每个船员分得的份额尚未达到1000英镑时，任何人无权离船。在打仗时变成残疾的人，可以从“公共基金”里领取800块银币；其他伤者视情况从“公共基金”领取补助金。

10. 战利品的分配原则：船长、航海长得2份，水手长、炮手、厨师得1.5份，其他高级船员得1.25份。

11. 乐师可以在安息日休息。其他6天应当奏乐供船员们消遣。

（查尔斯·约翰逊《不列颠海盗史》）

考虑到当时的欧洲还是一个严格的等级社会，处于绝对王权的时代，从这些规则可以看出海盗世界的特立独行。

巴卡尼亚海盗们还在新普罗维登斯岛召开了海盗大会，选出的首领称为“总督”，是这个“海盗共和国”的领导。这段时期可称得上海盗的黄金时代。

但好景不长，“海盗共和国”很快迎来了它的终结。

英国国王乔治一世（1714—1727 年在位）决意扫平海盗。乔治一世发出布告，宣布凡是 1718 年 9 月前投降的海盗可以获得特赦，拒绝投降继续进行海盗活动者严惩不贷。

乔治一世派出新任巴哈马总督负责清剿海盗。这位新任总督就是西班牙王位继承战争期间作为私掠船船长大显身手的罗杰斯。

乔治一世布告的内容传到新普罗维登斯岛，巴卡尼亚海盗们召开大会，商讨对策。但海盗们的意见无法统一。有人决定相信布告的内容，洗手不干；也有人为了继续海盗的营生离开了新普罗维登斯岛。

1718 年春，新任巴哈马总督罗杰斯抵达新普罗维登斯岛。罗杰斯修建要塞加强防御，收编投降的海盗，为清剿行动做好了准备。于是，罗杰斯与加勒比海盗的战斗开始了。

黑胡子蒂奇

1724年出版的查尔斯·约翰逊船长的《不列颠海盗史》中描述的这一时期的加勒比海盗悉数登场。有一种说法，说查尔斯·约翰逊就是《鲁滨孙漂流记》的作者丹尼尔·笛福。总之关于查尔斯·约翰逊的传说众多，至今没有定论。

在《不列颠海盗史》列出的多达30人的海盗首领的清单中，这位黑胡子蒂奇——本名爱德华·蒂奇也是大名鼎鼎的一位。

根据约翰逊的描述，蒂奇的相貌是这样的：脸上几乎都被黑胡子覆盖，长长的黑胡子编成几股结在耳后。打仗时火绳枪的火绳就连在帽子里，肩上挎的皮枪套里有三对手枪，总是用残暴的眼神盯着对手。他是一个比地狱里的恶魔还要恐怖的人。

蒂奇的残暴不仅体现在外表，还有行为。

有一回，蒂奇和一个船员在船长室里喝酒，悄悄地在桌子下面架好了两把手枪，扣下了扳机。一把枪哑火了，但另一把枪打穿了对方的膝盖。有人问蒂奇为什么要这样，他说："不偶尔杀个手下，怕你们不知道老子是谁。"

据约翰逊说，蒂奇和罗杰斯一样出生在布里斯托尔。在西

爱德华·蒂奇

班牙王位继承战争时期成为一名私掠船船员。战争结束后的1716年年底，蒂奇成了海盗船船长，在北美和中美洲近海海域开始了海盗活动。

蒂奇在南卡罗来纳的查尔斯顿海湾劫持了一艘载有乘客的开往伦敦的英国船。蒂奇派人去查尔斯顿城中，威胁说如果他们不提供药品，就杀了乘客。当药品送到后，蒂奇如约放了乘客，但将所有的财物抢劫一空，而后扬长而去。

不过这一时期的殖民地总督中，也有人和海盗们暗中勾结，海盗们的战利品自然也有这些总督们一份。北卡罗来纳的总督查尔斯·伊登就和蒂奇勾结在一起。蒂奇曾长时间滞留在北卡罗来纳。

看到海盗在自己的家园滞留不走，当地居民开始担心起来。他们向弗吉尼亚总督请命，要求剿灭蒂奇。1718年11月，梅纳德上尉指挥的舰队从弗吉尼亚出发。

当梅纳德上尉的舰队靠近蒂奇停泊在北卡罗来纳海湾中的船时，船上只有25人，其中大部分已喝得酩酊大醉。

但蒂奇觉察到敌情，下令开炮。他冲梅纳德喊："你小子是谁？哪儿来的？"随后双方开始了猛烈的射击进攻。

在蒂奇的指挥下，海盗们向梅纳德的船投掷炸弹，并登上对方舰船挑战。在船上的激烈战斗中，蒂奇和梅纳德互相射击，最后用剑搏斗。

根据约翰逊的描写，蒂奇的最后时刻是这样的。

> 梅纳德率领部下 12 人与黑胡子率领的 14 人展开了激烈的肉搏战。鲜血染红了大海。梅纳德射中了黑胡子，但黑胡子没有倒下，还在拼死战斗。黑胡子负伤 25 处，其中 5 处是枪伤。他打光了几支枪，最后临死时还在往手里的最后一支枪里填子弹。
>
> （查尔斯·约翰逊《不列颠海盗史》）

战斗结束后，蒂奇的首级被挂在梅纳德的船头。其他被抓获的海盗均被处以绞刑。传说中的海盗黑胡子蒂奇就这样结束了他短暂的辉煌。

两个女海盗

前文提到，海盗的规则中有一条不能带女人上船。可见当时女性是不能上海盗船的，船上是男人的世界。但也有例外，有两位赫赫有名的女海盗，她们是安妮·波妮和玛丽·里德。

安妮·波妮出生在爱尔兰，后来与家人迁居北美殖民地的卡罗来纳。她的父亲经营农场。安妮和一名年轻船员私奔，来到了新普罗维登斯岛。

在那里，安妮遇到了海盗头子杰克·拉克姆。拉克姆在安妮身上花了不少钱，总是送她昂贵的礼物。由于丈夫一直不能出人头地，于是安妮索性离了婚，嫁给拉克姆。两人随后便一起出海去了。

安妮原本就性格暴躁，很快适应了海盗生活。据约翰逊的《不列颠海盗史》描述，安妮在船上女扮男装，但打起仗来却比谁都勇敢。

另一位女海盗玛丽·里德出生在英国。据说她的父亲失踪后，独自抚养她的母亲为了得到生活费，一直把她当作男孩养。玛丽 13 岁时加入了军队。据说在军队中无人察觉她是女性。但不久玛丽在军队爱上了一个年轻人，她向心上人表明了身份。两人离开军队结了婚，开了一家酒馆。

但幸福的生活并没能持续太久，她的丈夫突发意外去世。为了生活，玛丽重新穿上男装，作为船员上了一条前往加勒比海的商船。这艘船遭遇了加勒比海盗，海盗们拉玛丽入伙，就此玛丽成了一名海盗。船到加勒比海后，换乘的海盗船就是拉克姆的船。就这样同样女扮男装的安妮和玛丽乘上了一条船。

据约翰逊的记载，在船上安妮以为玛丽是男性，还向她表白，这才发现原来两人都是女性。这成为包括拉克姆在内的仅三个人知晓的秘密。

不过安妮和玛丽也未能逃脱同一时代海盗们的命运。1720年，无视英国国王布告继续在牙买加海湾劫掠的拉克姆，遭到了担任警戒的英国舰队的攻击。

据说当时站在甲板上战斗到最后的只有安妮和玛丽。据约翰逊的描述，玛丽向躲在甲板下的海盗们开枪，大喊："像个男人一样出来战斗！"

最终，包括安妮和玛丽在内的拉克姆的船员们悉数被抓，并被带去牙买加。经海事法庭审判后，海盗们被判处死刑。判决后的第二天拉克姆便被执行了死刑。行刑前安妮得到允许与拉克姆会面。她对拉克姆说："你明天就要被处以绞刑，我很难过。不过如果当初你能像个男子汉那样奋力一搏，也许今天就不至于像条狗一样被吊死。"

海盗们被陆续行刑，但安妮和玛丽最终被免于执行死刑。因为两人当时都已怀孕。后来，玛丽在狱中死于热病；安妮在

安妮·波妮和玛丽·里德

狱中生下孩子，后来不知所踪。

安妮和玛丽的一生虽然是个悲剧，但在约翰逊的《不列颠海盗史》中，两位女海盗无疑留下了浓墨重彩的一笔。

最后的大海盗罗伯茨

在加勒比海盗的黄金时代中，最后出现的大海盗就是巴沙罗缪·罗伯茨。他也是一个命运多舛的人。

1718年2月，从伦敦出发的奴隶运输船公主号，在西非几内亚海湾遭遇海盗。罗伯茨就是公主号上的船员，他被带上海盗船，于是也成了海盗的一员。

六周后海盗船的船长在几内亚的普林西比岛中了葡萄牙总督的圈套后被杀。按照海盗的惯例，船员要投票选出下任船长。凭借丰富的航海经验，高超的航海技术，以及无畏的勇气，罗伯茨被船员们选为船长。

据约翰逊的记载，此时的罗伯茨认为既然自己已经泥足深陷，除了当海盗再无出路，那么与其当个普通水手，不如索性当个船长好了。

成为海盗船长以后，罗伯茨充分发挥他的潜能，一出海总能截获荷兰船和英国船。后来罗伯茨向西航行，在南美巴西海域遇到了葡萄牙的商船队。

罗伯茨命令海盗船装扮成商船，悄悄接近停泊的一艘对方商船并劫掠成功。随后又逼迫这艘船的船长当向导，接近载有更多贵重货物的商船。

罗伯茨命令海盗船开火。面对突然袭击，葡萄牙商船用大炮和信号旗通知护卫舰。但葡萄牙的军舰不愿单独救援，而是等待其他支援舰船的到来。在此期间罗伯茨的海盗成功登上满载货物的商船，抢走了砂糖、皮革、烟草、首饰、金银器等大批货物。

罗伯茨在南美圭亚那将战利品出手后，穿过加勒比海，去了北美继续海盗活动。之后又返回加勒比海，肆无忌惮地抢劫过往船只。当时法国总督的报告中写道：1720 年 10 月末的 4 天里，共有法国、英国、荷兰等国的 16 艘船遭到海盗劫掠。

此后罗伯茨前往西非。从 1721 年春天到秋天，他在几内亚海域活动。据约翰逊统计，罗伯茨一共劫掠过 400 多艘船。

当时罗伯茨曾放言：“在正经商船上当个水手，整日粗茶淡饭、薪资微薄，还要辛苦工作，倒不如干这个买卖（海盗）不愁吃喝还能享乐，又自由。干这种碰运气的买卖，只要有搞砸了就准备吃些苦头的觉悟就行了。到底哪个划算这个账不算也能明白。我这辈子不用活那么长，但一定要快活。”

然而，罗伯茨殒命的时刻很快就到来了。1722 年 2 月，英国海军军舰燕子号发现了停泊在几内亚港湾内的罗伯茨海盗船队。

可是在燕子号接近罗伯茨的海盗船之前，遭到了一艘海盗船的袭击。他们误将燕子号当作运送砂糖的商船。

燕子号佯装逃向海上，引海盗船来到火炮射击范围内，打开侧面火炮炮击海盗船。形势立刻逆转。海盗船掉转船头要溜，但燕子号炮火猛烈，打断了海盗船的桅杆，丧失斗志的海盗们只好投降。

此时罗伯茨的旗舰皇家幸福号对发生的战斗毫无察觉，依然停泊在港湾内。海盗们的宴会从早晨就开始了，他们正等着同伙带回战利品，全然没有想到驶来的会是英国战舰。

等到罗伯茨意识到危险后，立刻决意冒险全速通过燕子号侧面，逃出港口。

根据约翰逊的描述，此时的罗伯茨穿着深红色的马甲和短裤，带着装饰有红色羽毛的帽子，脖子上挂着装饰有钻石十字架的金锁，手中执剑，肩膀上垂下的丝绸带子上挂着两把手枪。

逐渐接近的两艘船都在向对方猛烈开火。罗伯茨的皇家幸福号目标是港湾的出海口，但风向不利，燕子号离皇家幸福号越来越近。

正在此时，燕子号炮弹的碎片划破了站在甲板上的罗伯茨的咽喉。罗伯茨当即死亡。约翰逊写道："要不是这迅速到来的死亡，罗伯茨一定会让谢幕之战成为一场更加精彩、凄绝的战斗吧。"

失去了船长的皇家幸福号放弃抵抗投降了。罗伯茨海盗船队中的 264 名海盗被捕，并接受审判。除了被掳上船被迫成为海盗的船员被释放，其他的船员中的 54 人被判死刑，17 人被送进伦敦的监狱服刑，还有部分被送去矿山从事长期的重体力劳动。

判决下达后的两周内，被判处死刑的海盗们在非洲当地被分批就地正法。这标志着海盗黄金时代的终结。

1722 年，英国制定了新的海盗条例。条例十分严格，不仅禁止殖民地的官员、商人与海盗进行任何交易，而且凡是与海盗有关的人员，均按海盗处理。

自 1718 年英国国王发布公告以来，在越来越严格的清剿行动下，加勒比海盗终于消失了，海盗的黄金时代也随之落下帷幕。

但在有些海域还有海盗的身影。那就是远离当时世界历史舞台中心的地中海。

第五章

海盗的终结

勒班陀海战后的混乱

1571 年勒班陀海战之后，不论是西班牙、奥斯曼帝国，还是欧洲的任何一个国家都没能控制地中海，这是一段各国势力此消彼长的混乱时期。

16 世纪之后，在北非继阿尔及尔之后，突尼斯、的黎波里也相继成为奥斯曼帝国的一部分。在地理位置上远离本土的北非地区，奥斯曼帝国很难直接统治，因此当地的势力纷纷兴起谋求自立。

在阿尔及尔，有奥斯曼帝国苏丹派来的总督——“帕夏”，有被称为“耶尼切里军团”的土耳其苏丹禁卫军，还有被称为“拉伊思”的海盗首领控制下的地方势力。各种势力都在争夺控制权。1659 年发生了反对帕夏的叛乱，之后阿尔及尔军人集团的领导人——“蒂伊”（Dey），成为阿尔及尔的实际统治者。

蒂伊并非世袭，在权力争夺中获胜的军人便成为蒂伊。

在突尼斯和的黎波里，有实力的军人集团掌握了政权，分别建立了侯赛因王朝和卡拉曼里王朝。实际掌权者称为“贝伊”，分别由侯赛因家族和卡拉曼里家族世袭。

被欧洲称为马格里布的这个地区，在勒班陀海战后成了海盗的聚集地。来自突尼斯和阿尔及尔的海盗不断袭击欧洲船只和欧洲沿海地区，他们就是所谓的马格里布海盗。

当时整个阿拉伯世界与基督教世界间战争不断，除非双方缔结和平条约，否则这种劫掠行为就没有什么不正当的。从这一点来看，马格里布海盗活动也可以算是战争的形式之一的私掠行为。

不过奥斯曼帝国为了对抗哈布斯堡王朝，在 1536 年与法国签订了承认领事裁判权的条约。后来又分别在 1579 年和 1613 年与英格兰、荷兰签订了同样的条约，建立了友好关系。

在奥斯曼帝国领事裁判权的基础上，法国、英格兰和荷兰商人能够进入奥斯曼帝国在北非的领地经商，这些国家的船只也免受马格里布海盗的骚扰。英格兰等国还可以在奥斯曼帝国的北非领地派驻领事，建立贸易点。

但到了 17 世纪前期，奥斯曼帝国的北非领地与英格兰等国之间频繁爆发冲突。尤其是16世纪末到17世纪初，英格兰、法国、荷兰先后与西班牙签订了和平条约，因而它们与奥斯曼帝国北非领地的关系自然也愈发紧张。虽然有领事裁判权的条约，但上述各国的船只常常在海上遭遇海盗袭击。

除了上述几国，马格里布海盗对其他欧洲国家船只的劫掠从未停止过，他们的威胁已经扩散到整个地中海地区。

建立和平关系

17世纪后期开始，欧洲各国与奥斯曼帝国北非领地的关系趋向缓和。这一时期，欧洲各国分别与奥斯曼帝国的北非领地签订了和平条约。

比如，英格兰就在1658年与的黎波里、1662年与阿尔及尔和突尼斯签订和平条约。法国在1665年和突尼斯、1666年和阿尔及尔、1681年和的黎波里签订和平条约。荷兰则是在1662年和阿尔及尔以及突尼斯、1683年和的黎波里签订和平条约。

这一时期欧洲的海军军力也发生了变化。尤其是16世纪以后，欧洲以青铜为材料的火炮铸造技术日趋成熟，大炮的射程、威力不断提高。于是出现了装载大量火炮的大型战舰。加强了海军战斗力的英法两国，一旦与奥斯曼帝国的北非领地发生冲突，就可以立即派出自己的战舰。

1670年，英格兰与荷兰舰队联合远征阿尔及尔，在猛烈的炮火下，再次与阿尔及尔签订了和平条约。法国1682年在与阿尔及尔的冲突中派出舰队炮击阿尔及尔，最终也签订了和平条约。

英格兰和法国凭借实力缔结了和平条约，但荷兰却没有余力向地中海单独派遣舰队，只能通过定期纳贡——提供造船材料和火炮，与北非各国建立和平关系。

到了18世纪，除了上述三国以外的其他欧洲国家也先后与奥斯曼帝国的北非属国建立了和平关系。包括参与地中海贸易的奥地利、瑞典、丹麦、西班牙、威尼斯、那不勒斯等。就连参加了勒班陀海战的西班牙和威尼斯也与奥斯曼帝国的北非属国建立了和平关系。

只不过这些国家缔结和平条约的条件和荷兰一样——定期纳贡。比如，1712年，荷兰向阿尔及尔交纳10门24磅火炮、24根桅杆、5张大网、450桶火药、2500支枪、50箱枪身。1764年，威尼斯要交纳22000金币。

虽然签订了和平条约，但这些欧洲国家与奥斯曼帝国的北非属国之间并非从此就相安无事了。1772 年，围绕着贡品的交纳，丹麦与阿尔及尔关系恶化。丹麦虽然派遣了舰队到阿尔及尔，但最终还是在新的纳贡条件下与阿尔及尔重新签订了协议。另外，1784 年至 1792 年间，威尼斯和突尼斯之间也发生过同样的纠纷。

但整体来看，18 世纪欧洲各国与北非各国基本建立了和平关系，因此这一时期马格里布海盗的活动较为收敛。

除了英法两国，其他欧洲国家都是通过向北非各国纳贡才保持了和平关系。欧洲各国出于保护本国在地中海往来商船安全的考虑，才以纳贡换取和平。也可以说欧洲各国对马格里布海盗的存在是采取了默许的态度，因此才能与北非各国维持和平。

美利坚合众国的建立

18 世纪前期，加勒比海上的海盗被扫清，海盗黄金时代结束了。在地中海，由于欧洲各国与北非各国的和平条约，海盗活动也有所收敛。但有一个国家却对这种情况不满，认为必须解决马格里布海盗问题，那就是 1776 年宣布独立并建国的美利坚合众国。

经过独立战争后，美国与英国于 1783 年签订了《巴黎条约》，获得了国际承认。1789 年美国宪法颁布，确立了其独立国家的地位。但美国从英国独立出来建国，却在地中海引发了新的问题。这就是马格里布海盗问题。

在此之前一直悬挂英国国旗、在英国庇护下的美国商船，一下子成为马格里布海盗们的劫掠对象。对于北非各国来说，由于没有签订和平条约，因此美国船是绝好的劫掠对象。

1783 年 3 月，从马赛出发的两艘美国商船被两艘阿尔及尔的加莱船追尾并抢劫。两艘船都逃到西班牙海域避难。对美国来说，马格里布海盗已经成为亟待解决的问题。

1784 年 5 月，美国国会授权留在欧洲的本杰明 · 富兰克林、约翰 · 亚当斯、托马斯 · 杰斐逊三人，让他们与北非各国交涉签订和平条约一事。1785 年 2 月，美国批准了条约的预算 8 万美元。

但就在此时，发生了一件事。1785 年 7 月，美国商船玛利亚号与海豚号以及 21 名船员被阿尔及尔的海盗船劫持。

紧接着阿尔及尔向美国宣战，双方对立已不可避免。美国驻英大使亚当斯和驻法大使杰斐逊委托有与北非各国交涉经验的美国人约翰·拉姆为特使，前往阿尔及尔。

1786 年 3 月，拉姆抵达阿尔及尔。但别说是签订和平条约，就连释放玛丽亚号和海豚号上船员的交涉也宣告失败。

美国与阿尔及尔的协商一直无果。直到 11 年之后的 1796 年，两艘船上的船员才得以释放。

亚当斯和杰斐逊的争论

美国的第二任总统亚当斯和第三任总统杰斐逊均为美国独立战争时期的领导人，还当过第一任总统华盛顿的副总统和国务卿，为美国建国做出了杰出贡献。从两人的政治主张来看，亚当斯偏保守，是个现实主义者；杰斐逊则更为激进，是理想主义者。两人政治主张上的差异也体现在对马格里布海盗问题的处理上。

1784 年 12 月 15 日，美国驻英大使亚当斯向当时的美国联合会议外交部长约翰·杰伊提交了一份关于马格里布海盗问题的报告。

亚当斯提出，从美国在地中海贸易的利益以及战争的费用方面考虑，拒绝以纳贡换和平，下决心消灭马格里布海盗的决定“虽然勇敢但并不明智”。他从现实的角度出发，提出应该以纳贡换和平。

在 1786 年 2 月 22 日的报告中亚当斯提出，如果不能签订和平条约，“不仅短期内军费会大幅增加，还会导致美国在国际上声誉的下降、保险费用高涨、给商业活动带来阻碍，以及造成美国公民成为俘虏这样的悲剧”。他提议应避免与北非各国的冲突，尽快签订和平条约。

驻法大使杰斐逊在 1785 年 8 月 20 日给约翰·杰伊的信件中写道：“你问的不仅是和平与战争哪个省钱的问题，而是要名誉还是要金钱的问题。”他认为在金钱利益与美国的名誉之间，后者更重要。

杰斐逊进一步提出：“如果想既维持商业活动的自由又避免受辱，我们就必须（向北非各国）展示自己的力量。他们过于小看我们的实力，必会将我们卷入战争。”

杰斐逊不认同欧洲各国一直以来以纳贡换取和平的外交方针，他认为要创造一个自由贸易的环境，就必须采取强硬的态度。

此后，亚当斯和杰斐逊针对马格里布海盗问题，展开了书面交锋。

1786 年 7 月 3 日，亚当斯向杰斐逊提出以下建议：

1. 即使有英国方面的斡旋，还是有可能以一定的经济代价换得和平条约的签订。

2. 英、法、荷、西等国应该为了我国向北非各国施加影响，但即使如此，不付出一定的经济代价恐怕也无法签订和平条约。

3. 英国的恶意或法国的自发贡献，都有可能影响最终的金额。

4. 交涉的过程拖得越久，对方要求的金额就会越大。

出于上述四点，我认为我国不应再浪费时间，而要尽快推动谈判的进行，争取以必要的经济代价换得和平条约的签订才是明智之举。

（加德纳 · W. 艾伦《我们的海军与柏柏里海盗》）

针对亚当斯以金钱换和平的主张，7 月 11 日，杰斐逊在给亚当斯的回信中写道：

我同意你信中的前三条，但对于第四条，我认为谈判时间的延长，既有可能导致对方要求金额越来越大，也有可能越来越少。

我认为获得和平的最好手段还是战争。正义赞成这个意见，名誉也是一样。战争能够为我们赢得欧洲的尊重，尊重会成为保护我们利益的手段。

（加德纳 · W. 艾伦《我们的海军与柏柏里海盗》）

对于杰斐逊坚决主张的以军事行动赢得和平的意见，亚当斯在 7 月 31 日提出了反驳。

如果美国（国会）同意与马格里布地区开战，我也会欣然同意以战争保护我国的贸易及人民的安全。但国会决不会或至少在几年内决不会采取这种解决方案。在此期间我国的贸易往来与名誉将会受到超过预期的损害。

如果我们并没有决心与对方战斗到底，那不如不要开战。与其花大笔的军费打仗再签订和约，不如一开始就花钱签订和约。

我赞成你扩充海军军力的建议，但我认为你对剿灭海盗所需的军力未免估计不足。

（加德纳 · W. 艾伦《我们的海军与柏柏里海盗》）

亚当斯并未全然否定对北非采取军事行动的必要性，但考虑到当前美国海军军力不足，以及国内对于扩充海军军力一事尚难达成一致，因此主张以纳贡换和平。

而杰斐逊主张开战，是因为他认为，同意纳贡会使得北非各国更加肆无忌惮，只有态度坚决地拒绝对方的无理要求，才是对美国最有利的方案。

最终两人的争论并没有结果。但此后美国一方面开始扩充海军军力，在杰斐逊提出的军事行动为基础的理念下开展外交活动，另一方面也探索着亚当斯提出的以纳贡换和平的方案。

签订和平条约

与北非各国签订和平条约的谈判，由于美国财政紧张以及国际政治形势的混乱而处于停滞状态。在此期间，海盗问题愈演愈烈。

1793 年 9 月，阿尔及尔与葡萄牙签约，阿尔及尔的船只可以穿过直布罗陀海峡，进入更广泛的海域活动。10 月，在大西洋上航行的 11 艘美国商船相继遭遇海盗。

美国国会强烈感受到马格里布海盗危机，批准了包括新建

6 艘护卫舰在内的大规模海军扩充的预算，以加强海军力量。同时也批准了 80 万美元用于营救美国俘虏以及与北非各国签订和平条约。

所谓护卫舰，体积比大型战列舰稍小，但速度及操控性更强，能够装备 40 门以上的大炮，具备一定的攻击能力，是当时最新型的大型帆船。通常认为，当时建造的护卫舰是日后美国海军崛起的源头。

依据美国国会决议，1795 年 9 月 3 日，约瑟夫·唐纳森作为特使前往阿尔及尔与哈桑蒂伊交涉签订和平条约一事。

两天后的 9 月 5 日，谈判结束。美国与阿尔及尔签订和平条约。条约内容包括美国立即支付 642500 美元，以及每年向阿尔及尔纳贡相当于 21600 美元的枪炮和造船物资。作为回报，阿尔及尔释放美国俘虏，并保证不再袭击美国船只。

1796 年 10 月 1 日，条约中规定的最后一笔 20 万美元的金块运抵阿尔及尔后，包括 11 年前被海盗扣押的玛利亚号和海豚号上的船员在内，共有 82 名美国俘虏被释放。

之后，美国又与突尼斯、的黎波里谈判，分别在 1797 年 1 月和 8 月与的黎波里和突尼斯签订和平条约。

同年 3 月，亚当斯当选为美国第二任总统，杰斐逊就任副总统。6 月，总统亚当斯向国会提出向北非各国派遣领事，并要求国会批准阿尔及尔哈桑蒂伊提出的建造两艘巡航船的要求，国会通过。

被阿尔及尔扣押的海豚号船长理查德·奥布莱恩，被任命为驻马格里布地区总领事兼阿尔及尔领事。他被囚禁在阿尔及尔整整 11 年。驻的黎波里的领事是另一艘被扣押商船玛利亚号上的船员詹姆斯·卡斯卡特。驻突尼斯的领事是军人出身的威廉·伊顿。

签订和平条约、互派领事，美国和北非各国的关系表面上稳定下来。但其实在条约签订后北非各国不断出尔反尔，以毁约相威胁，提出更多的要求。

1800 年 9 月，美国护卫舰乔治·华盛顿号抵达阿尔及尔。阿尔及尔的哈桑蒂伊向乔治·华盛顿号的舰长威廉·班布里奇提出，要让阿尔及尔派往奥斯曼帝国本土的特使乘坐乔治·华盛顿号前往伊斯坦布尔。班布里奇断然拒绝，但穆斯塔法蒂伊以毁约相威胁，于是班布里奇只好同意。

就这样，以美国第一任总统名字命名的美国军舰，按照穆斯塔法蒂伊的要求，在出港时挂上了阿尔及尔旗，送阿尔及尔特使前往伊斯坦布尔。得知这件事的驻突尼斯领事伊顿写道：

“如果连这种要求也要被迫接受，我宁可不要和平，即使被抓起来也在所不惜。难道我的祖国还不能觉醒吗？”

与的黎波里的冲突

美国与北非各国艰难维持的和平关系，在进入19世纪后，终于破裂了。

美国与的黎波里在1797年签订了和平条约，但因为条约中的纳贡条件，很快就出现了问题。条约规定除在签订条约时美国要支付一笔钱之外，的黎波里同意免除美国每年的纳贡。

但是，当的黎波里的优素福贝伊得知美国每年都要向阿尔及尔和突尼斯纳贡，且欧洲各国也是每年要向的黎波里纳贡时，便心生不满。

1800年5月，优素福贝伊在给美国总统亚当斯的信中，提出了纳贡的要求：

> 作为我们亲爱的朋友，您的态度不应只有苍白的语言来表示，而应该以实际行动（纳贡）来表示。您应该以出色的表现让我们满意。

只有空谈没有行动的话，任何人都会想要采取自己认为合适的行动。我们希望您不要浪费时间，尽快给出回复。延迟回复将会损害您的利益。

优素福贝伊是在暗示美国总统亚当斯，如果不能及时给出让的黎波里满意的答复，那的黎波里将会撕毁和平条约。

和平条约的撕毁意味着美国船只会再次遭到海盗的袭击。像是为了印证这一点，同年 9 月，驶往意大利利沃诺的美国商船凯瑟琳号就遭到了的黎波里船的袭击。

经过美国驻的黎波里领事卡斯卡特的斡旋，凯瑟琳号及船员在一个月后被释放。但优素福贝伊警告卡斯卡特，如果美国在半年内不纳贡，则会对美国宣战。

当时美国本土与北非的通信只能依靠不定期来往的商船，几个月不通音信也是常有的。因此当的黎波里威胁宣战的报告送到美国本土，已经是第二年（1801 年）的 4 月。就在一个月前，杰斐逊就任美国第三任总统。杰斐逊原本就对马格里布海盗持强硬态度。

5 月 15 日，杰斐逊决定向地中海派遣舰队，6 月 2 日，任命理查德·达尔为司令，率领 4 艘舰船驶往的黎波里。

当时已经过了半年的期限。5月14日，优素福贝伊派人去美国领事馆砍断了美国国旗的旗杆，意为宣战。卡斯卡特向优素福贝伊提出由他个人纳贡，让优素福贝伊取消宣战，但遭到拒绝。于是卡斯卡特放弃了进一步交涉的打算，离开了的黎波里。

的黎波里宣战的消息传到了中途停靠直布罗陀的达尔的舰队。7月24日，达尔的舰队抵达的黎波里海湾，在周边海域搜寻的黎波里船只，并封锁海面。

1802年2月，杰斐逊第二次派出舰队。舰队司令是理查德·莫里斯，舰队共有4艘舰船。但由于司令莫里斯经验不足，在一年多的时间里也未能对的黎波里采取有效的军事行动。

1803年5月，杰斐逊第三次派出舰队，司令是爱德华·普雷布尔，共有7艘舰船。舰队中的护卫舰费城号在班布里奇舰长的指挥下，于10月7日抵达的黎波里海域，并实行了海上封锁。

10月31日，费城号在的黎波里西部海域发现了一艘的黎波里的小型船只，于是跟了上去。结果在追踪途中费城号搁浅，遭到的黎波里小型炮舰的围攻。船身倾斜的费城号无法开炮，只得投降。

触礁的费城号

以班布里奇舰长为首的307名船员悉数被抓，费城号被拖拽到的黎波里港。对班布里奇来说，这是继三年前被迫送阿尔及尔特使之后的又一奇耻大辱。

11月24日，前往阿尔及尔的舰队司令普雷布尔获知费城号被俘获的消息后，立即命令转向西西里岛的锡拉库萨，准备一场奇袭战。

被的黎波里捕获的最新型护卫舰费城号已经成为美国舰队的一大威胁，这次作战就是为了毁掉费城号。

1804 年 2 月 2 日，美国舰船塞壬号和伪装成商船的小型舰船无畏号驶往的黎波里。16 日，由美国军官斯蒂芬·迪凯特指挥的、载有 70 余名士兵的无畏号，伪装成商船进入的黎波里港口。

等到夜幕降临，无畏号开始行动。他们悄悄接近停泊在港口内的费城号。待迪凯特一声令下，所有士兵一齐登上费城号，打倒警戒的的黎波里士兵，按计划在费城号上放火。整个行动只花了 20 分钟。

等到的黎波里方面察觉有变，从港口炮台开炮时，迪凯特和他的士兵早已在塞壬号的掩护下成功逃离，返回锡拉库萨。

奇袭大获成功的消息传回美国后，迪凯特受到了杰斐逊总统的表彰。

的黎波里战争结束

杰斐逊就任总统后，先后三次向的黎波里派出舰队，但在美国国内，对于是否在的黎波里采取军事行动意见并不统一。

有赞成派，也有反对派。因此杰斐逊在采取军事行动的同时，也开展外交活动。

1803 年 8 月，杰斐逊任命前任驻的黎波里领事卡斯卡特担任驻突尼斯领事，同时任命托拜厄斯・里尔为驻的黎波里新任领事，负责恢复美国与的黎波里之间的和平关系。

但 1804 年 3 月，费城号被俘获的消息传到美国后，杰斐逊在 7 月第四次派出舰队。舰队司令是萨米埃尔・巴隆，舰队共有 4 艘护卫舰。如此一来，美国在的黎波里组成了一支包括数艘舰船在内的大型舰队，其中包括 6 艘护卫舰。

普雷布尔的舰队在奇袭战后，要求用赎金交换费城号上的船员，但遭到了优素福贝伊的拒绝。于是美国舰队加强了进攻，不仅封锁海面，还用小型炮舰炮轰的黎波里的沿岸城镇。炮火虽然猛烈，但一直未能给予的黎波里致命打击，战况陷入胶着。9 月，巴隆的舰队抵达的黎波里，巴隆成为总司令。

巴隆按照美国国内的命令，做好两手准备——或战或和。一方面继续军事行动，另一方面也在寻求和平解决方案。承担前一项任务的是第一任驻突尼斯领事伊顿，承担后一项任务的是驻的黎波里领事里尔。

伊顿卸任驻突尼斯领事后，于 1803 年 5 月回到美国，又带着特殊使命随巴隆的舰队再次踏上北非的土地。伊顿的任务是在的黎波里国内策划武装政变推翻优素福贝伊。这个计划最初是在伊顿还担任驻突尼斯领事的1801年6月，由当时驻的黎波里领事卡斯卡特提出的。

优素福有一个叫艾哈迈德的兄弟曾被赶出的黎波里，政变计划就是由美军扶持这个艾哈迈德取得政权，建立一个对美国友好的政府。

1804年11月，伊顿取得巴隆的批准，带着几名海军士兵前往埃及的亚历山大港寻找艾哈迈德。1805年2月5日，在亚历山大港郊外，伊顿找到了艾哈迈德，军事政变计划终于开始了。

3月6日，伊顿和艾哈迈德带着从埃及招募的约400人从陆路赶赴的黎波里。他们花了一个半月进入的黎波里东部的昔兰尼加，在此接受美国舰队的补给，然后向昔兰尼加地区的主要城市德尔纳前进。

4月25日抵达德尔纳郊外。伊顿的军队要求德尔纳守军投降，但遭到拒绝。4月28日战斗打响了。伊顿的军队在美国军舰的掩护下夺取了德尔纳。

接到德尔纳失守的消息，优素福贝伊立刻派出援军。5月

13 日，优素福的军队试图夺回德尔纳，但不满优素福贝伊统治的当地居民支持艾哈迈德，帮助伊顿的军队守住了德尔纳。优素福的军队撤走了，德尔纳成为艾哈迈德和美国控制的城市。

在伊顿推进军事政变的同时，里尔也在寻求和平解决的黎波里之战的方法。4 月 21 日，优素福贝伊提出解决草案，5 月 18 日里尔登岸与优素福举行会谈。6 月 3 日，美国与的黎波里就和平条约达成一致，6 月 10 日正式签约。

双方最终达成一致的金额并非的黎波里方面提出的 20 万美元，而是美国提出的 6 万美元。这 6 万美元作为赎金支付给的黎波里，此外美国不再向的黎波里纳贡。

美国与的黎波里的战争结束了，包括班布里奇舰长在内的费城号船员重获自由。

签订和平条约的消息立即传到了身在德尔纳的伊顿处。

6 月 12 日夜，伊顿和艾哈迈德悄悄登上了停泊在德尔纳海湾中的星座号离开。天亮后德尔纳的居民才知道遭到了背叛，他们陷入了恐慌。没有美国支援，德尔纳很快就被优素福的军队重新控制。

与的黎波里签订新的和平条约，标志着美国在军事和外交上的胜利。迪凯特和伊顿在军事上的成功，以及拒绝定期纳贡的外交成果都得到了美国国内的很高评价。1806 年 4 月，美国国会批准了与的黎波里的条约，巴隆舰队返航。

与的黎波里和约的签订为美国与北非之间带来了和平。但为美国俘虏交纳的赎金、定期向阿尔及尔和突尼斯纳贡，对美国来说还是一个沉重的话题。马格里布海盗问题还未完全解决。

美国的新外交策略

在美国与的黎波里的战争开始不久，美国与阿尔及尔之间也发生了冲突。虽然两国签订了和约，但阿尔及尔十分不满美国没有按时纳贡。

1812 年 6 月英美战争爆发后，为了打击美国，英国怂恿阿尔及尔的哈吉 · 阿里蒂伊，劫掠美国商船。

于是阿尔及尔撕毁条约，开始袭击美国商船。1812 年 8 月，一艘在地中海上航行的美国商船埃德温号及其 11 名船员被阿尔及尔船劫持。

1814 年 12 月，美英两国在比利时的根特签订停战和约，美国终于能腾出手全力解决马格里布海盗问题。

1815 年 2 月，美国总统詹姆斯 · 麦迪逊要求国会讨论解决马格里布海盗问题的方案。3 月国会通过决议，授权总统麦迪逊对阿尔及尔宣战。麦迪逊立即下令组建两支舰队，任命班布里奇和的黎波里战争中的英雄迪凯特为司令。

迪凯特的舰队包括 3 艘护卫舰在内，共有 10 艘军舰。5 月，舰队携带麦迪逊总统的亲笔信出发了。迪凯特的任务是在不支付任何赎金也不纳贡的条件下，解救被俘获的美国人，并与阿尔及尔签订和约。

6 月 15 日迪凯特舰队通过直布罗陀海峡。17 日发现在阿尔及尔近海航行的阿尔及尔船只，并发生战斗。美军阵亡 4 人，阿尔及尔方面包括船长哈米达在内的 30 人阵亡，406 人被俘。

19 日，迪凯特舰队又俘获了另一艘阿尔及尔船及 80 名船员。28 日，舰队进入阿尔及尔港口。几个月前阿尔及尔刚发生政变，上台的是新任蒂伊奥马尔。

麦迪逊总统给奥马尔蒂伊的亲笔信如下：

贵国向美国宣战，抓美国公民做奴隶，一直毫无理由地不断损害美国的尊严。美利坚合众国国会在近期的会议上正式批准了对贵国的宣战决议。我们的舰队为了执行国会决议来到了地中海。

迪凯特舰队远征阿尔及尔

舰队带来了和平与战争两个选择，选择和平还是战争悉听尊便。与日益强大的美国建立良好关系的益处和一旦开战会造成的不幸结果，我相信贵国会进行比较，从而选择有利于恢复两国人民长久以来友好关系的道路。

但长久的和平，必须建立在双方同等有利的基础上。任何一方如果提出对方无法接受的条件，则和平必然无法维持。只有在这个原则下，贵我双方才有望建立并维持长久的和平关系。

（埃米尔·迪普伊《美洲人与野蛮人（1776—1824）》）

麦迪逊在亲笔信中态度强硬地表示，美国不会支付赎金也不会纳贡，如果阿尔及尔不同意，则美国不惜一战。

在美国的炮舰外交下，阿尔及尔的奥马尔蒂伊表示完全接受美国的条件。双方签订和约，阿方废除纳贡、不要赎金且释放被俘的美国船员，并向埃德温号支付 1 万美元的赔偿金。此后迪凯特又先后绕道突尼斯和的黎波里，分别与两国签订了相同内容的条约。

不仅不再纳贡还得到了赔偿金，这不能不说是美国外交的一大成果。这也给了一直依靠纳贡换取和平的欧洲各国巨大冲击。正是美国的这次行动，为马格里布海盗问题的解决带来了转机。

悉尼·史密斯的告发

1814 年 8 月，英国前海军中将悉尼·史密斯给欧洲各国国王和贵族送去一份名为《关于彻底消灭马格里布地区海盗必要性及其方案的回忆录》的文件。它的内容是关于剿灭马格里布海盗以及解救被囚禁在北非的基督徒。

史密斯写道：

> 现今的欧洲经济发达，人们最大限度地享受着文明进步带来的稳定舒适的生活，与此同时，我们也在讨论废止西非的奴隶贸易，致力于在西非保护商业活动，确保国民、财产的安全。但却没有人注意到北非的情况，这实在让人吃惊。
>
> 在北非有一群海盗，他们压制、奴役当地居民，还迫使他们登上全副武装的船，去抢劫欧洲沿海勤劳的农夫和温顺的居民。这种可耻的劫掠行为不仅违背了人性，还极大地妨碍了商业活动。今天，商船的船员们，不论航行在地中海还是大西洋，都无时无刻不在担心自己会遇到海盗，会被海盗抓去非洲做奴隶。在知识和文明不断进步的今天，难道我们就没有办法消灭这些海盗吗？
>
> （桃井治郎《“柏柏里海盗”的终结》）

史密斯此前一直在英国海军的地中海舰队服役，十分了解北非的情况。他从海军退役后，开始四处奔走，呼吁消灭马格里布海盗。

当时马格里布海盗的劫掠对象，仅限于没有与北非各国签订条约的那不勒斯和撒丁岛等国。即使如此，当时被扣押在北非的欧洲人也有3000余人。

史密斯在自己的回忆录中揭露了马格里布海盗袭击地中海的商船及欧洲沿海地区、将被抓的欧洲人作为奴隶的罪行。他指责海盗的行为严重妨碍了商业活动，是违背人性的不文明行为。他还批评欧洲各国一直以来对北非各国的行为听之任之，不仅不采取军事行动，还向其纳贡，完全是姑息养奸。史密斯希望欧洲各国能够携手共同采取军事行动及外交努力，解决马格里布海盗问题。

1814年底，拿破仑战争后的维也纳会议正在召开。为了敦促欧洲各国重视马格里布海盗问题，史密斯专程前往维也纳游说各国首脑。但当时各国领导人一心想的是如何重建欧洲政治秩序，根本无人理会史密斯。

史密斯的努力虽然没能立见成效，但如果说史密斯的建议只是一开始投入水中的小石子，那它激起的小小波澜将会逐步推动欧洲的政治走势，并最终形成席卷北非的大潮。

埃克斯茅斯勋爵的远征

虽然与史密斯期盼的欧洲各国携手解决马格里布海盗问题

不同，但英国政府为了确保在英国保护下的马耳他的安定，在维也纳会议后也决定与北非交涉。

1816年春，英国海军舰队在埃克斯茅斯勋爵的率领下驶向北非。埃克斯茅斯勋爵以压倒性的军事实力为后盾，代表爱奥尼亚、撒丁、西西里等国，与阿尔及尔的奥马尔蒂伊签订了和平条约。还解救了被扣押的马耳他俘虏和直布罗陀俘虏，并支付赎金让阿尔及尔释放了撒丁俘虏。

此后，埃克斯茅斯的舰队又去了突尼斯和的黎波里。

在突尼斯的交涉与在阿尔及尔如出一辙，埃克斯茅斯成功解救了被扣押的基督徒，并代表各国与突尼斯签订了和约。

值得一提的是，在突尼斯与穆罕默德贝伊交涉时，埃克斯茅斯提出希望突尼斯“能够考虑废止”将基督徒作为奴隶的做法，但口译人员却误译为埃克斯茅斯要求“必须废止”基督教奴隶这种做法。

于是穆罕默德暂停与埃克斯茅斯的会谈。经过与身边的人一番商议后，穆罕默德贝伊最终接受了埃克斯茅斯的要求，同意今后不再将抓获的基督徒作为奴隶，而是作为战俘。

埃克斯茅斯得到了意外的收获。于是他又向阿尔及尔和的黎波里提出了同样的要求。的黎波里贝伊也同意了。

再次停靠阿尔及尔的埃克斯茅斯向奥马尔蒂伊提出废止基督教奴隶的要求，但遭到拒绝。埃克斯茅斯警告称如果他的要求得不到满足将会炮击阿尔及尔，但奥马尔不为所动，还下令扣押所有在阿尔及尔的英国人。

虽然事态已经如此危急，看似冲突一触即发，但让人意外的是，英国于 4 月支付了赎金解救英国人，于是 6 月埃克斯茅斯就这样返航了。

但这一次埃克斯茅斯的做法在英国国内受到了一致指责。当时的英国由于史密斯提出的指控，舆论已经对解决马格里布海盗问题十分关注。与前一年美国在北非毅然决然的行动相比，为了解救基督徒向阿尔及尔支付赎金的做法自然会遭到众人指责。

此时又传回消息，称在阿尔及尔的安纳巴经过批准从事珊瑚捕捞的西西里渔民遭到杀害。英国政府终于决定向阿尔及尔开战。埃克斯茅斯在回国后又立即率领舰队，再次驶向阿尔及尔。

埃克斯茅斯的舰队与荷兰舰队会合，于 8 月末抵达阿尔及尔海域。英荷联合舰队包括 15 艘英国军舰、10 艘荷兰军舰。

8 月 28 日，埃克斯茅斯向奥马尔蒂伊提出要求：立即释放所有基督徒奴隶，立即废止基督徒奴隶，返还英国 4 月支付的赎金。留给奥马尔蒂伊考虑的时间只有 1 小时。与其说是协商，不如说是直接宣战。

英荷舰队的进攻持续了一昼夜，阿尔及尔全城都在炮火的笼罩下。战况之惨烈，以至于后来阿尔及尔蒂伊在向奥斯曼帝国的苏丹提交的报告中写道“实乃人类历史上所未见”。

29日晨，埃克斯茅斯再次向奥马尔提出了同样的条件。这一次奥马尔同意了。他立即释放了所有被当作奴隶的欧洲人。埃克斯茅斯还写信给突尼斯和的黎波里贝伊，描述了在阿尔及尔发生的一切，要求两国也立即释放所有基督徒奴隶。

埃克斯茅斯的这次远征达到了在北非解放基督徒奴隶的目的，但并没有完全解决马格里布海盗的问题。因为还有部分欧洲国家尚未与北非各国签订和约，即使是签订了和约的国家，也存在北非各国随时撕毁和约、在基督徒奴隶问题上出尔反尔的可能性。

看来，为了消除这种潜在的威胁，只有彻底消灭马格里布海盗。

彻底禁绝海盗的决议

维也纳会议后，沙皇亚历山大一世开始关注史密斯提出的马格里布海盗问题。亚历山大一世希望英国在解决马格里布海盗问题上提供帮助，英国政府也正有此意，于是同意在欧洲国家间协调。

欧洲各国第一次正式讨论马格里布海盗问题，是在 1816 年 8 月于伦敦召开的大使级会议上。在维也纳会议后欧洲各国也曾召开过几次特别会议，这次的伦敦会议就是其中之一。

维也纳会议之后的国际政治秩序被称为“维也纳体系”，其特点之一就是欧洲各大国间的协调机制。欧洲各大国在国际问题上通过协商共同谋求解决方案的这一方式被称为会议外交。从维也纳体系可以看到今天国际社会的雏形。

在英国的呼吁下召开的伦敦会议，主要讨论了奴隶贸易问题和马格里布海盗问题。会议始于 1816 年 8 月 2 日，有英国、法国、俄国、奥地利和普鲁士 5 国参加。在会上俄国提出应建立共同对抗马格里布海盗的欧洲“同盟”。各国针对同盟的具体方案进行了协商。

1818 年 5 月 24 日的第十四轮会谈中，在英国的倡议下终于出台了同盟草案。内容包括要求北非各国和奥斯曼帝国彻底禁绝马格里布海盗，同时在军事上欧洲各国要采取一致行动。

但该草案由于法国的反对最终没有通过，在之后的亚琛会议上由各国首脑继续协商。

1818 年 9 月开始召开的亚琛会议上，马格里布海盗的议题直到会期即将结束的 11 月 7 日才被提上议事日程。在伦敦会议的基础上，俄国再次提出建立消灭马格里布海盗的欧洲同盟，但遭到了一直与北非各国保持良好关系的法国的反对。法国主张按原来的方式即各国分别与北非各国协商。

会议最终也没有在建立同盟的问题上达成一致。在闭会的前两天，即 11 月 20 日，才终于形成一个关于马格里布海盗问题的议定书。议定书十分简短，全文如下：

> 各国代表讨论了在伦敦会议上以有效遏制马格里布海盗活动为目的制订的各种计划。（俄国）卡波蒂斯托利亚斯伯爵认为马格里布海盗的行为严重影响到欧洲的商业活动，必须尽快采取果断而有效的措施加以遏制。应他的要求本次会议讨论了这个问题。
>
> 各国代表同意全权委托对马格里布地区有较强影响力的法国和英国，通知对方如果马格里布地区各国不放弃威胁和平商业活动的立场，欧洲各国将会结成同盟。同时也要让对方知晓放弃海盗行为的结果以及如果拒绝会引发的后果。

> 黎塞留公爵和卡斯尔雷子爵要保证将上述内容通告马格里布地区各国，并将交涉结果告知其他国家内阁。签署本议定书的五国也应友好地告知奥斯曼帝国，如果马格里布地区各国不放弃现有的敌对立场，导致欧洲各国采取断然措施，那么他们将会面临何等的危险。
>
> （桃井治郎《“柏柏里海盗”的终结》）

议定书由英国、法国、俄国、奥地利、普鲁士5国签署。

决议是要告知北非各国和奥斯曼帝国，如果不放弃海盗行为，欧洲会结成同盟共同采取果断措施的决心。

虽然这份决议并未涉及当初在伦敦会议上讨论的建立同盟的具体方案，但至少决定了要向北非各国和奥斯曼帝国提出彻底禁绝海盗的要求。具体行动将由法国和英国负责实施。

按照议定书，英法两国组成联合舰队前往北非。

欧洲的通牒

1819年夏，根据亚琛会议的决议，英国海军在弗里曼特尔中将、法国海军在朱利安准将的率领下，派出8艘战舰组成了英法舰队。

8月30日，弗里曼特尔和朱利安的舰队在地中海的梅诺卡岛会合。9月1日，英法舰队向本次航行的第一个目的地——阿尔及尔进发。仅仅数年前还在拿破仑战争中，激战于地中海上的英法两国，如今却组成了联合舰队，共同驶往北非。

弗里曼特尔和朱利安要带给北非各国的通牒书内容如下：

> 海盗行为不仅违反国家的普遍利益，也破坏了商人繁荣兴旺的梦想。欧洲各国决定彻底禁绝海盗行为。
>
> 如果马格里布地区各国坚持不放弃与正常商业活动的敌对立场，就要做好准备，面对欧洲各国组成的同盟。在事态无法挽回之前，请各国充分考虑与同盟为敌带来的危险。
>
> 我们在预告持续海盗行为会带来灾难的同时，也不妨通知各国，如果能够彻底放弃导致灾难的体制，则不仅能够与欧洲各国继续保持良好关系，双方国民还将享受到自由贸易带来的益处。
>
> 欧洲各国只是希望马格里布地区各国能够遵从已在文明国家形成的法律和惯例。如果马格里布各国随意威胁他

国的商业活动，则势必无法避免与欧洲各国的军事冲突。

重大事件不能仅凭口头约定，为了双方航行及商业活动的安全，我们以书面形式表明态度，也希望贵方以书面（盖章）的形式给予回复。

（桃井治郎《“柏柏里海盗”的终结》）

在通牒书中，欧洲一方面以军事同盟相威胁，另一方面又以自由通商相利诱，迫使北非各国禁绝海盗，并且要求以正式文件形式答复。

禁绝海盗的理由，与史密斯在他的回忆录中提到的一样，海盗行为不人道、妨碍商业活动。

弗里曼特尔和朱利安先后与阿尔及尔、突尼斯、的黎波里的蒂伊、贝伊会谈，出示亚琛会议议定书及这份通牒书，代表欧洲提出禁绝马格里布海盗的要求。

那么，对于欧洲方面提出的要求，蒂伊、贝伊又会做何反应？

阿尔及尔的反驳

1819年9月3日，英法舰队抵达阿尔及尔。弗里曼特尔和朱利安通过驻阿尔及尔领事，求见侯赛因蒂伊，并于两天后的9月5日见到了蒂伊。

根据弗里曼特尔和朱利安的报告书，与蒂伊的交涉经过如下：

弗里曼特尔和朱利安将译为阿拉伯语和土耳其语的亚琛会议议定书和通牒书交给蒂伊。

会见一开始的友好气氛变得紧张起来。蒂伊看过文件后，说："毫无根据提出这种要求实在出乎意料。……自我担任蒂伊以来，阿尔及尔从未发生过议定书上写的事情，你们提出来的事情完全没有必要。"

弗里曼特尔和朱利安表示，现在的阿尔及尔的确和欧洲保持着和平关系，这次的决定也是基于对以前蒂伊破坏双方和平的不满。欧洲各国为了将来继续保持和平，才提出禁绝马格里布海盗的要求。

蒂伊答应今后继续保持与欧洲的和平关系，并询问如果今后有欧洲国家冒犯了阿尔及尔，阿尔及尔是否能够宣战并要求赔偿损失。

弗里曼特尔和朱利安表示如果发生这种情况可以宣战或要求赔偿损失，但也表示担心阿尔及尔的宣战会被认为是对欧洲的军事威胁。两人又强调，欧洲方面提出的要求只是想确保商业活动及全体欧洲公民今后的安全。

蒂伊表示中立国决不会受到毫无理由的威胁。并表示同意欧洲方面的意见，但拒绝以书面文件形式给出答复。

四天后的9月9日，双方进行了第二次会见。

蒂伊质问弗里曼特尔和朱利安欧洲方面的要求是否意味着让阿尔及尔放弃交战权。弗里曼特尔和朱利安答复这与这次的会谈内容无关。但两人警告说没有正当理由的宣战会引起与欧洲的军事冲突。

蒂伊提出，欧洲方面的要求等同于让阿尔及尔放弃军事力量。对此弗里曼特尔和朱利安表示如果能够不威胁到欧洲的商业活动，也可以保持与其他国家同等的军事力量。

蒂伊提出阿尔及尔会严格遵守已经与欧洲各国签订的和平条约，保证不会以威胁为目的使用武力。但为了分清敌我，阿尔及尔要保留对所有船只进行临检，对于没有合法文件的船只一律扣押的权利。

弗里曼特尔和朱利安表示正是这种行为造成了欧洲商船在时间和金钱上的大量浪费，因此不能同意。并警告说，如果阿尔及尔要继续对欧洲船只的海盗活动，欧洲方面一定会采取军

侯赛因蒂伊

事行动。

第二次会见蒂伊还是没有同意提供禁绝海盗的书面答复。于是弗里曼特尔和朱利安离开了阿尔及尔，前往下一个目的地突尼斯。

关于蒂伊拒绝书面答复的理由，驻阿尔及尔的法国领事杜巴鲁在给国内的报告中说，“蒂伊怀疑这次会谈的背后藏着欧洲的某种圈套”，因此蒂伊不肯完全满足欧洲的要求。也就是说，蒂伊是在担心一旦完全按照欧洲的要求禁绝海盗，解除了武装，欧洲各国就会入侵阿尔及尔。

突尼斯的反驳

9 月 24 日，弗里曼特尔和朱利安抵达突尼斯。通过驻突尼斯领事求见马哈茂德贝伊。

三天后的 9 月 27 日，弗里曼特尔和朱利安前往突尼斯王宫。贝伊坐在大沙发上，他的儿子们和主要大臣们也在座。

贝伊看过译为阿拉伯语的文件，又把文件交给儿子们看。他让弗里曼特尔和朱利安坐下，还让人端上咖啡。不久，贝伊暂时离开的儿子们回来了。与儿子们稍做交谈后，贝伊提出对文件的内容还未能充分理解，因此需要时间考虑。

两天后的 9 月 29 日，贝伊如约会见了两人。贝伊以书面形式对欧洲方面提出的要求给出了答复。

书面答复的主要内容如下：

> 毫无理由、无视习俗惯例、践踏条约内容的人称为盗贼或海盗。在神的护佑下，我们从未听闻我方有人曾做出过贵国文件中指出的无视习俗惯例、践踏条约内容的事情……
>
> 所有人都知道，交战中的双方会拼命做出损害对方利

益的事情。我们与那不勒斯、西西里、撒丁岛、罗马均处于交战状态，他们劫掠我方船只，我们自然也还以颜色。

你们要逼迫我们放弃船只，如果我们不同意，欧洲就会拿起武器，就会发生无法挽回的事情。对于这一点，我们认为：

长期以来我们从未在船上装备武器，从未伤害过敌人，迄今为止也从未考虑过要采取武力。但如果有人伤害了我们，我们会尽一切努力保护自己。因为当自己的名誉和地位受到侵害时，没有人会束手待毙。这也是我们信仰的宗教的要求，我们必须遵守。

所有的政府，都要保护自己的国土，将不怀好意的人挡在门外，不论他们来自海上还是陆地。我们不知道要如何才能满足你们不许我们武装船只的要求。当奥斯曼帝国与其他国家发生战争，要求我们武装船只提供支援时，我们又该如何回答？

这就是我们的全部答复。是我们真实意思的表示。不论出于何种动机，如果你们的不正当行为给我们造成损害，全能的神一定会保佑我们。

（桃井治郎《“柏柏里海盗”的终结》）

贝伊的书面答复狠狠地驳斥了欧洲的通牒书。对于欧洲方面的要求，马哈茂德贝伊和阿尔及尔蒂伊一样，否认了欧洲指出的所有不正当行为，认为欧洲所谓“马格里布海盗”的说法毫无理由，还宣布不放弃用于自卫的武装力量。

同时，马哈茂德贝伊对欧洲提出的禁绝海盗的要求持怀疑态度。

法国驻突尼斯领事杜博瓦在给本国的报告中写道：贝伊认为欧洲派来弗里曼特尔和朱利安两人是“要对突尼斯采取大型有组织行动的先兆”。马哈茂德贝伊与阿尔及尔的想法一样，都认为这只是欧洲的某种策略。

1830 年的最终解决

虽然的黎波里贝伊书面同意了欧洲的要求，但最终阿尔及尔和突尼斯都拒绝了书面承诺。不过欧洲并未如其文件中所言组成同盟对突尼斯和阿尔及尔采取军事行动。当时，突尼斯已经没有海盗活动，阿尔及尔只有零星的海盗还会袭击欧洲船只。实际上，所有的马格里布海盗几乎销声匿迹了。

1830 年 6 月 14 日，杜佩莱率领的 3.7 万法军从阿尔及尔郊外的悉德弗卢杰尔海湾登岸，向阿尔及尔进军。侯赛因蒂伊的担心终于成为现实。

面对数倍于自己的法军，阿尔及尔军队只有撤退。7月5日，阿尔及尔宣布投降，从此开启了长达140多年的法国对阿尔及利亚的殖民统治。

法国入侵阿尔及尔的两个月后，即1830年8月，突尼斯的侯赛因贝伊与法国签署了包含8项条款的新条约。

该条约中终于明文规定了在1819年未能以书面形式明确的禁绝马格里布海盗问题。法国还获得了在突尼斯领海捕捞珊瑚的垄断权，并废止了贝伊的橄榄油专卖制度。条约签订后，法国对突尼斯的经济影响与日俱增。

1830年条约并不是在法国和突尼斯平等协商的基础上签订的，完全是突尼斯单方面履行义务的条约。法国学者达尼埃尔·潘扎克指出，1830年条约是“欧洲国家利用强大的海军实力迫使亚非国家签订的19世纪的第一个不平等条约”。

法国对阿尔及尔采用军事入侵的方式，对突尼斯采用签订不平等条约的方式，最终在1830年为马格里布海盗画上了句号，也标志着古已有之的地中海海盗走向了终结。

第六章

现代海盗

索马里海盗的出现

进入21世纪，海盗突然又成为人们关注的现实问题，这是由于印度洋上出现了索马里海盗。

20世纪90年代，索马里内战激化。1993年，联合国维和行动的一部分——以美国为首的多国部队介入。但多国部队在索马里遭到猛烈袭击，被迫在1995年撤出索马里。多国部队撤出后索马里内战继续，政府形同虚设，国际社会将其视为“破产国家”或“失败国家”。

90年代后期，索马里沿岸出现一批以迫击炮和自动步枪武装起来的小型船只，袭击经过索马里北部的亚丁湾和索马里湾的船只。进入21世纪之后，越来越多的油轮等大型船只遭劫，引起了国际社会关注。

比如，仅2008年，索马里海域就发生了111起海盗抢劫事件，共有 42 艘船只遇袭、815 人被抓成为人质。索马里海盗的惯用伎俩是用高速机动的小型船只搜寻目标，炮击目标命令停船。目标停船后海盗搭上梯子登上对方船只，将船员带走作为人质。这完全就是现代版的海盗。

亚丁湾和索马里海湾位于经过苏伊士运河连接地中海和印度洋的重要航路上，是从中东地区运输原油的海上运输线。

索马里海盗的危害不断扩大，各国纷纷派出海军为本国船只护航。本来应该由所在国的政府负责取缔海盗，但毕竟是“破产国家”，索马里政府对海盗根本无能为力。主权国家体制的威斯特伐利亚体系的衰败，使得海盗重新出现在现代社会。

国际法中的海盗

国际法中明文规定海盗行为违法是在马格里布海盗消失后的 19 世纪以后。关于私掠行为，则是在 1856 年的巴黎宣言中，由欧洲各国明确规定禁止一切私掠行为。1907 年的海牙和平会议上，各国签订了禁止民间船只参与战争行为的条约，并在国际法中明确禁止私掠行为以及民间船只从事国家认可的海盗行为。

1958年，在第一次联合国海洋法会议上签订了有关公海的条约，对公海上的海盗行为的定义以及处理办法做出了规定。在此公约的基础上，1982年又进一步制定了《联合国海洋法公约》。

现在国际法中对海盗的定义是在公海或无人管辖区域，私人船舶或航空器的船员、机组人员或乘客以私人目的所进行的暴力掠夺活动。

可见现代国际法中定义的海盗行为，有别于一国领海内的国内犯罪行为或国家发动的战争行为，是指在公海中以私人目的进行的个人暴力行为。这在以暴力独占为前提的主权国家体制中，无疑是无法容忍的行为。

同时国际法要求所有国家不遗余力地消灭一切海盗行为，承认各国抓捕、审判海盗的权利。

一般来说，在公海航行的船舶，其管辖权属于其船籍所属的国家，适用该国法律。但对于海盗船，所有国家均有抓捕和审判的权利。由此可以看出，海盗是“全人类公敌”，是国际法中的例外。

近代国家秩序的建立

美国历史学家贾尼丝·汤姆森认为，海盗的存在极大地推动了主权国家体制这一现代国际秩序的建立。

汤姆森指出，17 世纪到 18 世纪，英格兰、法国、荷兰等主权国家成为国际关系中的独立存在，离不开以私掠之名行海盗之实的私掠行为的推动。英格兰等国的私掠是为了阻挠西班牙政治经济霸权的扩张，从结果上看，促成了欧洲各国相互竞争的国际秩序。

但对私掠行为的鼓励在战争结束后导致了海盗的猖獗。海盗的存在又进一步威胁到各国的贸易往来以及殖民地统治。于是英法等国加强海军军力，减少对私掠船的依赖。

18 世纪之前，各国在战争状态时依旧批准私掠行为，但 19 世纪之后，私掠行为终于销声匿迹了。并且国际法上也明确禁止私掠行为。也可以说国家的暴力独占已经扩张到海洋。

汤姆森认为，这种国家的暴力独占与其说是有意识建立的，不如说是各国应对现实问题的结果，是事后形成的。

整理一下汤姆森的观点可以看出，17、18 世纪，私掠名义下的海盗的存在阻碍了西班牙的全球霸权，也推动了主权国家之间竞争性的国际秩序的形成。在此之后，为了压制海盗，主权国家开始在海洋上推动国家的暴力独占，并最终强化了主权国家体制。从这两方面来看，海盗的存在，为近代主权国家体制的形成做出了贡献。

除此之外，海盗的存在给现代国际秩序带来了另一方面的影响——欧洲各国在海盗禁绝问题上的协商机制推动了国际社会的发展。

第五章中我们提到了欧洲各国在 19 世纪初的维也纳体制框架内，针对马格里布海盗的禁绝问题进行了协商，并做出决议。维也纳体制的特点之一就是以会议外交为主的大国间的协调机制。马格里布海盗问题的解决就是这一机制的成果。

美国历史学家保罗・施罗德认为，欧洲 18 世纪的国际秩序特点是霸权战争延续下来的竞争性的力量均衡，19 世纪的国际秩序特点则是基于大国间协调的政治均衡。

施罗德提到的 19 世纪初的国际秩序的变化，能够从围绕着马格里布海盗问题的外交活动中看出：18 世纪末之前，处于竞争关系的欧洲各国各自与北非签订条约；但 19 世纪初，针对马格里布海盗问题欧洲各国经过协商，拿出彻底解决海盗问题的方案，并以欧洲整体的名义通知北非各国。这其实已经是一种协商机制。正是海盗这种犯罪行为的存在促使欧洲各国协商一致，促进了国际社会的形成。

这同时也区分了国际社会与非国际社会。欧洲这个国际社会的建立同时也意味着欧洲之外的北非各国被排除在国际社会之外。事实上讨论解决马格里布海盗问题的会议并没有北非国家和奥斯曼帝国的参与，形成的决议也就成了单方面的通告。

澳大利亚的政治学家赫得利·布尔认为，国际政治不能仅从力量的均衡状态着眼，也应关注国际性的共同规范、共同利益，承认其存在于某种社会状态中。这被称为国际社会论。他的观点也与施罗德的19世纪国际秩序的看法有一定的联系。

英国的国际政治学家爱德华·基恩虽然同意布尔的国际社会论，但他也指出了国际社会发展史中的另一个侧面。欧洲内部在宽容的原则下发展建立了互相尊重主权的国际社会。欧洲之外则不适用宽容原则，而是以文明化之名，强迫其他国家接受各种规范。这也说明了为何同样是在19世纪，欧洲建立了国际社会，却又在其他地区实行殖民统治。

第五章的马格里布海盗问题的解决，不能不说是这种文明化进程中的一幕。欧洲这个所谓“国际社会”做出了决定，并单方面告知北非要求其履行，直至1830年发生了法国入侵阿尔及尔以及其后对阿尔及尔的殖民统治。

在“罗马的和平”时代，西塞罗说“海盗是全人类的公敌”，但“罗马的和平”其实就是罗马的霸权时代。基于同样的观点来看的话，19世纪初的地中海，欧洲确立了霸权，并以“文明化”的名义，消灭了马格里布海盗。

海盗与恐怖主义

2001年的“9·11”事件后，美国开始关注当年的马格里布海盗那段历史。有人将18世纪末19世纪初的马格里布海盗问题与21世纪的恐怖主义相提并论。

比如，英国历史学家保罗·约翰逊就在《华尔街日报》撰文指出“美国除了与支持恐怖主义的国家开战之外别无选择”。他就提到了美国曾经对马格里布海盗采取的断然措施。

2003年出版的约瑟夫·威兰的《杰斐逊的战争——美国最早的反恐战争（1801—1805）》一书中，作者指出，是美国采取行动将地中海从马格里布海盗的恐怖活动中解救了出来，的黎波里战争是美国最早的反恐战争。

此外还有不少学者相继发表关于美国在马格里布海盗问题上的外交行动的论文和书籍。大部分都直接或间接地将美国解决马格里布海盗问题的外交策略与现代的反恐战争联系起来，认为马格里布海盗问题就是美国反恐战争的起源，赞扬并督促美国采取积极行动。

将海盗与恐怖分子联系起来，源于两者均是国际秩序的破坏者。海盗和恐怖分子都是反对国际社会的“人类公敌”，消灭他们是人类的共同目标。对于不受法律约束的海盗和恐怖分子，采取暴力镇压是合法的，并可以采取断然的军事行动。

当然，现在不是 19 世纪。当代的国际社会并非只有欧洲，而是整个世界。因此现在已经不是欧洲的霸权，而是“国际社会的霸权”。

我们不妨再次回想一下那个“国王与海盗”的故事。正如奥古斯丁指出的，在缺乏正义性这一点上，国王与海盗本质上毫无区别。

海盗也好恐怖主义也罢，如果我们注意到其暴力性的一面，当然无法认同其行为。但事实是并非将海盗当作罪犯就一了百了了。我们应时常自问，在我们这个“国际社会”中，是否存在真正公正的秩序。如果只是凭借巨大的权力控制世界的国王，那又与海盗有什么区别呢？

海盗的两面性

袭击船只、洗劫城市这样的暴力行为的确是海盗所为。从现代的人道主义观点来看，海盗行为无疑是不被允许的。

但人们又总是能感受到海盗的魅力。魅力从何而来？当然并非来自海盗们的暴力行为，而是海盗的另一面。是他们反抗秩序的那一面，是他们作为个人的那一面，是他们挣脱管理、自由的那一面。

本书回顾了海盗的历史，数次提到海盗们对现有统治秩序的反叛。塞克斯特斯·庞培的战斗和英格兰的私掠船就是很好的例子。加勒比海上的“海盗共和国”则是海盗们渴望突破等级森严的国家制度、向往自由的表现。

正如我们现代人一直对宇宙的尽头充满想象，古人们一直对大海的尽头充满想象。对人类来说大海是如此宽广，是一个谜一样的未知世界。在各个时代，人们带着渴望成功的野心和冒险精神，以及摆脱社会束缚的愿望，来到海洋，放手一搏。海盗就是这些人们选择的道路之一。

正是这一点一直吸引着人心，让人们对海盗怀有憧憬和热情。在大海另一边那个未知的世界里，海盗们追求着自己梦想的成功、名誉、冒险和自由。

除了大海之外再无凭借、随心所欲为所欲为的海盗，在我们这样生活在各种羁绊中的普通人眼中，时常会成为憧憬的对象。海盗及海盗的生存方式在当今社会已经无法存在，但也正因为如此，才让我们对海盗心怀憧憬。

人类的天性本来就是追求自由，尤其是在秩序规则越来越完善规范的当今社会，能让人们联想到叛逆、解放与自由的海盗必定会在人们心中继续存在，海盗的历史也必定会口口相传下去。

后 记

本书着眼于“海盗”这一特殊的群体，分别介绍了各个时代海盗的特点，展现了一部海盗的世界史。笔者尽量用浅显易懂的语句描述历史，以求让更多的读者喜爱。但一切交给读者评判。笔者期待着读者的反馈。

关于海盗的研究为数不少，各种出版物亦不少。本书只有第五章及第六章的一部分是笔者自己的研究成果，其他内容均可见于他人的先行研究。

本书的出版得到了中公新书编辑部酒井孝博等人的支持和帮助。也要感谢阪上孝先生与峯阳一先生。如果没有二位先生的帮助，本书必定无缘出版。

最后衷心感谢在日本、阿尔及利亚、突尼斯为我提供过帮助的朋友、家人、同事、学生们。

谢谢大家的帮助和鼓励。

桃井治郎